Das ist der Pudel:

menschenfreundlich und anpassungsfähig, sanft, gemütvoll und treu

zuverlässig
anteilnehmend
sensibel
anmutig
lebhaft
langlebig
natürlich
lernfreudig
wachsam
einfallsreich
zärtlich
ausdauernd
ausgewogen
sportlich
dankbar
folgsam
neugierig
majestätisch
herzerfrischend

anhänglich
lebenslustig
brav
würdevoll
munter
zutraulich
edel
lernfähig
originell
humorvoll
stolz
intelligent
elegant
charmant
gesund
aufmerksam
selbstbewußt
schalkhaft
einsatzfreudig

eine beziehungsfähige, liebenswürdige, fröhliche, unternehmungslustige, aufgeweckte, robuste und unterhaltsame Hunde-Persönlichkeit, die gerne im Mittelpunkt steht. *Foto: Georg Mach*

ISBN 3-275-01181-2

1. Auflage 1995

Titelbild von F. Gorski, D-94428 Eichendorf, Bild Seite 4 von Cogis/Varin

Satz: Vaihinger Satz und Druck GmbH, D-71665 Vaihingen/Enz
Gesamtherstellung: Dr. Cantzsche Druckerei, D-73760 Ostfildern
Printed in Germany

Rosa Engler

Reihe: »Hunderassen« · Herausgeber: Urs Ochsenbein

Pudel

Ursprung · Aufzucht · Erziehung · Pflege

Müller Rüschlikon

Inhaltsverzeichnis

Im Andenken an Filou, der vor genau dreißig Jahren meine Sympathie zu diesem Wollgeschöpf weckte und mich über achtzehn Jahre lang mit seiner temperamentvollen Hundepersönlichkeit erfreute.

Vorwort

Beim Lesen in alten kynologischen Werken stieß ich auf eine große Bewunderung für den Pudel. Die lernfreudige Art dieses Vierbeiners führt man oft auf seine Herkunft als Jagd- und Hütehund zurück. Ich meine aber, daß der Pudel in seinem aufgeweckten Wesen auch durch die täglichen Anregungen gefördert wird, die er seit über hundert Jahren als Haushund mit vollem Familienanschluß genießen kann. So gelingt es ihm besonders gut zu merken, wie er seinem »Rudelführer« Mensch gefallen kann.

Die Frage »Kennen Sie den Pudel?« wird heute oft mit einem abschätzigen Lächeln bejaht. Diese Geringschätzung kann nur auf mangelnde Information zurückgeführt werden. Darum finden Sie auf den folgenden Seiten Bilder, die diesen traditionsreichen Hund in seiner unerwartet großen Vielfalt zeigen. Lassen Sie sich überzeugen, daß dieser fröhliche Begleiter zu viel mehr fähig ist, als ihm allgemein zugetraut wird. Die Ausführungen im Kapitel »Der Leistungspudel« werden auch den Skeptiker zum Staunen bringen. Sie sollen helfen, die Vorurteile abzubauen, die dem Pudel vor allem als Modehund der sechziger Jahre angehängt wurden. Mitschuldig an seinem schillernden Ruf sind auch seine Lockenzotteln, die schon zur Rokokozeit die Lust der Besitzer zu außergewöhnlichen Verzierungen weckten.

Daß der Pudel selber unter diesen extravaganten Modegags keinen Schaden erlitt, bestätigt die Tatsache, daß man ihn seit Jahren am Institut für Haustierkunde der Christian-Albrechts-Universität in Kiel als typischen Haushund zur Erforschung des Verhaltens züchtet und beobachtet.

Die Kurzportraits der Wasserhunde sollen des Pudels Sehnsucht nach dem nassen Element erklären und es freut mich, auch den seltenen Schnürenpudel in Bildern vorstellen zu können. Er erinnert uns an die Verwandtschaft des Pudels mit den zotthaarigen Hütehunden aus dem Osten.

Lang bemühte ich mich um aussagekräftiges Bildmaterial, denn diese Bilder sollen dem oft verkannten Hund die ihm gebührende Ehre zurückbringen und gleichzeitig auch die langen Ausführungen der Standard-Beschreibung ersetzen, die hier aus Platznot nicht vollumfänglich abgedruckt werden konnten.

Ursprünglich wollte ich die Gelegenheit nutzen, mich in diesem Buch für eine natürliche Aufmachung des Ausstellungspudels einzusetzen. Doch inzwischen haben unsachliche Angriffe auf den extravaganten Schönheitskandidaten stark zugenommen. Darum erscheint es mir heute wichtiger festzuhalten, daß die sorgfältige Pflege eines solchen langhaarigen Wollgeschöpfes nicht einfach einer Tierquälerei gleichgesetzt werden darf. Jeder Pudelbesitzer weiß, daß sich dieser vielseitig begabte Hund nicht auf ein Frisurenproblem reduzieren läßt. Aber vielleicht sollten sich die Aussteller doch vermehrt bewußt werden, daß sich das unbefangene Zuschauerauge am Pudelring von der künstlich betonten Eleganz ihres stolzen Pudels nicht immer im gleichen Maß betören läßt wie ein Schönheitsrichter.

Bettingen im Oktober 1995 — Rosa Engler-Mezzadri

Entdecken Sie des Pudels Kern!

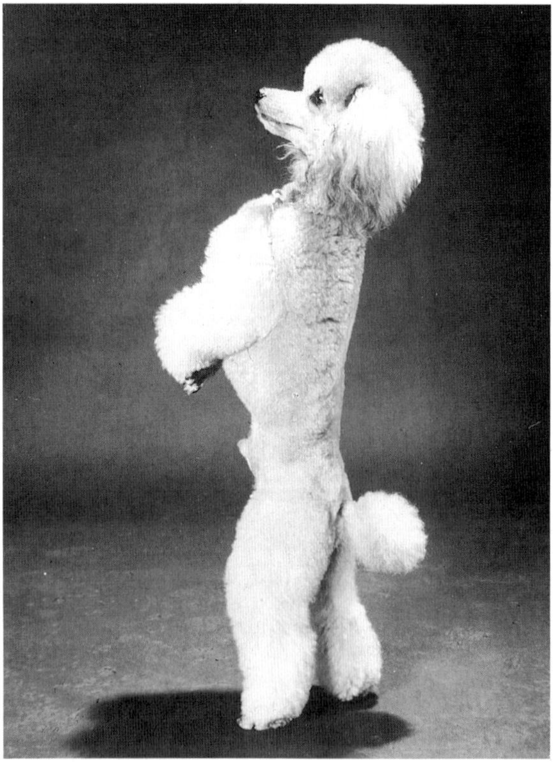

Der vierbeinige Clown
Der Pudel ist ein Hund, der sich seit jeher immer gern in den Mittelpunkt gestellt hat. Seine Fähigkeit, leicht auf den Hinterbeinen zu balancieren, ist ihm angeboren. Diese Begabung brachte ihm schon im vorigen Jahrhundert den Ruf eines unterhaltsamen Jahrmarkt- und Zirkushundes.
Nimmt man sich die Zeit, mit einem Pudel zu spielen, so merkt man schnell, daß er nicht nur mitmacht, weil es sein Meister von ihm erwartet, sondern auch weil es ihm selber außerordentlich Spaß macht. Immer wieder kommt er dabei auf neue Ideen, so daß man den Pudel als einen der unterhaltsamsten Begleithunde bezeichnen könnte.
Fino v.d. Waldmatt, gezüchtet von G. Berger, ist im Besitz von A. und L. Kissling in Biel.

Durch Fausts Worte »Das also war des Pudels Kern!« wurde dieses anhängliche Wollgeschöpf zum meistzitierten Hund der Welt. Doch entgegen seiner Rolle in Goethes Hauptwerk ist des Pudels Kern natürlich kein Mephisto, sondern ein fröhlich verspieltes, sensibles und äußerst aufmerksames Wesen.
Heute glaubt man, daß die fast sprichwörtlich gewordene Gelehrigkeit des Pudels in der idealen Verbindung zwischen Jagd- und Hütehund begründet ist. Die vielgerühmte »Intelligenz« dieses Wollhundes läßt sich mit seiner hohen Sensibilität und seiner außergewöhnlichen Aufmerksamkeit erklären, mit der er sehr schnell merkt, was sein Meister oder seine Meisterin von ihm erwartet. Seine feinen »Antennen« befähigen ihn zu einer starken Verbindung zu seiner Bezugsperson. Diese Eigenart bezeichnen wir gerne als unbestechliche Treue. Sie ist teilweise so ausgeprägt, daß dem Pudel sogar überirdische Kräfte zugeschrieben wurden. Seine Fähigkeit, tiefe Beziehungen einzugehen, verhilft ihm zur selbstbewußten Hundepersönlichkeit sowie zu seiner ausgeprägten Lust, sich den Wünschen seines Meisters anzupassen.
Doch die sogenannte Intelligenz und die Treue allein machen noch keinen typischen Pudel. Was wir an ihm so schätzen, sind sein fröhliches Gemüt und seine Freude an Spiel und Spaß sowie seine lustigen Einfälle. Das sind Qualitäten, die ihn bis ins hohe Alter begleiten. Es gibt nichts, das seinem scharfen Blick und seiner gut ausgebildeten Nase entgehen könnte. Immer wieder überrascht er uns mit seiner Wachsamkeit und seiner erstaunlichen Merkfähigkeit. Und jeder Pudelbesitzer kennt die besondere Vorliebe seines Hundes, Gegenstände zu bewachen.
Dazu kommen seine anmutigen und eleganten Bewegungen, die er seinem harmonischen Körperbau zu verdanken hat und sein feuriges Temperament, mit dem er uns jederzeit aufmuntern kann.
Die nachfolgenden Bilder werden auch Sie vom Charme dieses liebenswerten und verspielten Wollhundes beeindrucken und Sie werden feststellen, daß Sie dabei Schritt für Schritt dem wahren Kern des Pudels näher kommen.

Keine Vorurteile
Dieses friedliche Gruppenbild zeigt, daß Hunde unter sich keine Vorurteile kennen. Ohne vorgängige schlechte Erfahrung fürchtet sich weder der Pudel vor dem Schäferhund, noch wird der Pudel vom Schäferhund verachtet. Auch die Pudelfrisur scheint unter vierbeinigen Freunden keine Rolle zu spielen. Hunde haben anscheinend einen besseren Durchblick als wir Menschen.
Folgendes Experiment könnte uns zum Staunen bringen: In einer Badewanne stehen zwei Pudel. Der eine ist in der schlichten und pflegeleichten Modeschur frisiert und der andere mit einer aufwendigen, langhaarigen Löwenmähne herausgeputzt. Nun soll durch die Brause das gut temperierte Wasser über die beiden Pudel laufen, bis sich ihre Wolle naß traufend ganz dem Körper anschmiegt. Bald wird man vor zwei verblüffend ähnlichen, wohlgeformten Hundegestalten stehen. Das heißt, auf diese Weise würde auch uns der »Durchblick« zum Hund gelingen.
Besitzer dieses Hunde-Idylls sind Ursula Eberli und Rolf Loretan. Foto: Eberli

***»Pudelnaß«** ist ein Begriff, den jeder kennt. Der Pudel verleugnet seine Herkunft nicht. Als ehemaliger Jäger des Wasserwildes ist er noch heute ein großer Wassernarr.*
Aber beim Familienspaziergang fühlt er sich auch gern als Hütehund. Von der Leine losgelassen genießt er es, durch Umkreisen seine Familie zusammenzuhalten.
Diese drei internationalen Schönheits-Champions heißen: Pinafore Fräulein Masuren, Heidi von Masuren und Fee von Masuren. Züchterin und Besitzerin ist Susanne Leschinsky, Schleswig. Foto: S. Leschinsky

Der majestätisch Große und der zierlich Kleine
Dieses ansprechende Stimmungsbild zeigt die Arbeit nicht, die dahinterstecken kann, bis eine Hundefreundschaft so zuverlässig ist, daß man vor Streitereien keine Angst haben muß. Wo große und kleine Hunde zusammenleben, ist es besonders wichtig, daß man die beiden gut aneinander gewöhnt und Gelegenheiten zur Eifersucht möglichst vermeidet. Es ist also nicht zu empfehlen, sich zum Vergnügen der Vierbeiner zwei oder mehr Hunde zu halten, um so mit einem besseren Gewissen einer Arbeit außer Haus nachzugehen. Je mehr Hunde beisammen leben, desto besser müssen sie beobachtet werden, um gefährliche Situationen rechtzeitig erkennen zu können. Die Mehrfach-Hundehaltung bringt zu Hause viel mehr Rivalitäts-Situationen, als dies zum Beispiel auf einem Hunde-Trainingsplatz, beim Zusammentreffen von Groß und Klein der Fall ist, denn dort gibt es kein Revier und keine Privilegien zu verteidigen. Dort freuen sich die Vierbeiner vor allem auf die schönen Momente des Austobens.
Foto: Sally Anne Thompson

Ein Kompliment an des Pudels Körperbau
Die Großpudel-Hündin Alina der schwarze Joker fliegt in voller Sprungkraft durch die Luft. Der harmonische und leichte Körperbau des Pudels verhilft ihm zu solch außergewöhnlichen Leistungen. Züchterin dieses Energiebündels ist Sigrid Kalina und der Besitzer ist Heiner Schilken, der Obmann für Agility im DPK. Foto: Ein Herz für Tiere (B. Dittich)

»Pudelwohl« *fühlt sich diese graue Großpudel-Hündin Ch.»Dainty vom Happyparadise« von Ursula Eberli.*
Dieser altbekannte Ausdruck erinnert an die Fähigkeit des Pudels, sein Empfinden nach außen zu tragen. Er kann es besonders gut zeigen, wenn er sich freut. Gehen wir für kaum zehn Minuten aus dem Haus, wird er uns bei unserer Rückkehr in seinem überschwenglichen Temperament schon mit den wildesten Freudensprüngen begrüßen.
Es ist schwierig, einem Pudel etwas vorzuspielen. Er merkt sehr schnell, wenn irgend etwas mit seinem Meister oder seiner Betreuerin nicht stimmt. Er leidet mit. Darum darf seine Anhänglichkeit nicht ständig als »Seelentröster« mißbraucht werden. Um psychisch gesund zu bleiben, braucht auch der Pudel auf die Dauer ein geordnetes Umfeld. Wer sich einen Pudel als Partnerersatz halten möchte, sollte ganz besonders darauf achten, daß er die Gefahr dieser Situation erkennt: Auf diese Weise werden leider zu viele Hunde durch Vermenschlichung überfordert. Foto: Eberli

Der Akrobat
Dem leicht motivierbaren Pudel macht es Spaß, wenn wir uns die Zeit nehmen, ihm etwas beizubringen. Diese zwei fröhlichen Akrobaten haben eine besonders begabte Lehrmeisterin. Es ist die Züchterin der braunen Großpudel vom Großen Wannsee: Edelgard Mechsner aus Berlin.
Foto: F. Thielecke

Der »intelligente« Pudel

Die zehnjährige »Poupette« von Gilles Péclard wird nie müde, zusammen mit ihrem Lehrmeister ihre Kunststücke vorzuführen. Sogar im Fernsehen war sie schon zu sehen: Sie kann Zahlen lesen und rechnen. Das Resultat gibt sie in Pfotenhieben bekannt. Den Trick wollen wir hier nicht verraten, aber eines ist sicher: Es braucht für beide eine hohe Konzentrationsfähigkeit.

Das Wort »Intelligenz« in der Wesensbeschreibung eines Hundes ist eine Vermenschlichung, die vermieden werden sollte. Es sind vor allem die Anregungen, die wir einem Welpen bieten, die den Hund später sensibel und aufnahmefähig reagieren lassen.

Lebensfreude

Diese beiden Miniature-Pudel aus der englischen Montfleuri-Zucht lassen sich von ihrer Ausstellungsfrisur nicht am fröhlichen Wettrennen hindern. Foto: Sally Anne Thompson

Der Schönheitskanditat

Die englische Ausstellungshündin Ch. Miradel Camilla von Patricia Rose zeigt sich hier mit vergnügt erhobener Rute in ihrem Garten. Ihre ausgefallene Frisur hat sie übrigens nicht daran gehindert, sich auch als liebevolle Mutter zu bewähren.

Von allen Pudeln, die jährlich gezüchtet werden, wird später nur ein ganz kleiner Prozentsatz ausgestellt. Die extravaganten Ausstellungspudel haben es oft schwer, bei den Zuschauern auf eine breite Akzeptanz zu stoßen. Beim Herausputzen eines solchen Schönheitskandidaten sind sicher Grenzen einzuhalten. Eine Ausstellungsfrisur sollte möglichst ohne künstliche Hilfsmittel (Haarspray) auskommen können. Bei diesbezüglichen Übertreibungen darf man sich nicht wundern, wenn sich die Journalisten der Tagespresse auf diesen Hund stürzen, um ihn lächerlich zu machen. Die Pudelfreunde dürfen sich aber dagegen wehren, wenn die Kritik von außen unsachlich wird. Es ist zum Beispiel unverständlich, daß man in einem Tier-Report über sogenannte Qualzuchten auch ein paar herausgeputzte Pudel über den Bildschirm trippeln läßt. Wer solche Ermahnungen für nötig hält, kennt den Pudel nicht. Pudel, die ihre Rute (Stimmungsbarometer) fröhlich in die Höhe strecken, sind keine gequälten Tiere und Pudelaussteller, die für eine phantasievolle Frisur schwärmen, sind meistens keine Tierquäler.

Foto: Sally Anne Thompson

Der Anpassungsfähige

Wie bei den meisten Hunden, ist es auch beim Pudel mit etwas Geschick möglich, ihn an die anderen Hausgenossen zu gewöhnen. Wichtig ist, daß die ersten Begegnungen schon im Welpenalter stattfinden können. Dann sollte man Situationen, die eine Eifersucht fördern könnten, möglichst vermeiden. Können solche Angewöhnungen erst im Erwachsenenalter erfolgen, dann wird es schon viel schwieriger. Oft kann man dann höchstens noch ein gegenseitiges Akzeptieren erreichen, um ein wirklich freundschaftliches Verhältnis zwischen Katze und Hund aufzubauen, ist es dann oft schon zu spät.

Hat man im Haus zwischen Pudel und Katze ein gegenseitiges Tolerieren erreicht, bedeutet das aber noch nicht unbedingt, daß sich der Pudel nun auch jeder anderen Katze gegenüber lammfromm verhält. Fremde flüchtende Katzen und Wildtiere können dem Pudel durchaus noch ein Kribbeln in den Pfoten verursachen. Doch die Verfolgung gibt er meistens schon nach ein paar Minuten wieder auf, weil die Bindung zu seinem Betreuer stärker ist als sein Jagdtrieb.

Hier sehen wir die Apricot-Großpudel-Hündin »Champagne d'Or Anny« von Uschi Graf mit ihrem Freund, dem Kater »Herbert«, Ton in Ton. Foto: Franz Gorski

Bewegung bringt den Ausgleich
Hunde wie die Pudel, die immer voll auf Draht sind, brauchen zum Ausgleich zu ihrer vollen geistigen Aufnahmefähigkeit unbedingt genügend körperliche Betätigung. Ein Pudel, mit dem man »arbeitet«, der sich viel mit anderen Vierbeinern austoben kann oder sich täglich auf große Spaziergänge freuen darf, wird uns trotz seines feurigen Temperamentes nie als nervöses Geschöpf erscheinen.
Andererseits ist es aber genau so wichtig, daß es für ihn tagsüber genügend Ruhezeiten gibt, denn nicht nur ein Welpe muß viel schlafen. Auch ein erwachsener Pudel braucht regelmäßige Ruhezeiten, denn der Schlaf des Hundes gleicht nur einem Dösen, aus dem er innert Sekunden hellwach reagieren kann.
Wir sehen hier den Zwergpudel Filou von der Südseeinsel.

Der Königspudel
Bis nach Rußland hat sich für den Großpudel die Bezeichnung Königspudel verbreitet. Verwunderlich ist das nicht, denn im gepflegten Fell macht dieser selbstbewußte Hund tatsächlich einen adeligen Eindruck. Foto: Rolf Hinz

Der Aparte
Heute ist er eine Rarität: »Jules«, der aparte Schnürenpudel aus Frankreich, dessen Fell von seiner Meisterin Anne Abile-Gal voller Begeisterung gepflegt wird, entstammt einer ganz normalen Großpudel-Zucht. Sein Stammbaum-Name lautet: »Arius de l'Ame du Prince des Hortillons«. Die Filz-Zotteln scheinen diesen munteren Rüden nicht zu stören. Im Gegensatz zur Jahrhundertwende, als diese Pflegeart mit den überlangen Schnüren dem Pudel generell zum Verhängnis wurde, werden seine Schnüre in vernünftiger Länge gehalten. »Jules« holte sich in dieser Haartracht sogar den Titel »Champion de France«. Foto: Anne Abile-Gal

Zum Ursprung

Vom Schafhüter über den Jagdgehilfen zum Begleithund

Lüftet man das Geheimnis der großen Liebe des Pudels zum nassen Element, so stoßen wir auf den Wasserhund. Versuchen wir aber dem typischen Kreisedrehen des Pudels im freien Rennen auf offenem Feld auf die Spur zu kommen, dann gelangen wir zu den uralten Hütehunden, die auf diese Weise die Schafherden zusammenhalten. Diese beiden Pudeleigenschaften werden schon in Goethes Faust wie folgt beschrieben: (Faust) »Bemerkst du, wie in weitem Schneckenkreise Er [der Pudel] um uns her und immer näher jagt?...(Wagner) »Es ist ein pudelnärrisch Tier. Du stehest still, er wartet auf; Du sprichst ihn an, er strebt an Dir hinauf; Verliere was, er wird es bringen, Nach deinem Stock ins Wasser springen.«

Auf den Spuren nach den Wurzeln des Pudels treffen wir auf folgende Hunderassen:

Diesem Pudel hätte Johann Wolfgang von Goethe persönlich begegnen können, denn der Holzschnitt stammt aus dem Jahre 1818. Heute ziert diese Abbildung den Band 1 des DPK-Zuchtbuches.

Der Schafpudel

Ludwig Beckmann (»Rassen des Hundes«, Braunschweig, 1895) war überzeugt, daß der Pudel mit den Hirtenhunden eng verwandt ist. Im Kapitel »Pudel und Hirtenhunde« erwähnt er, daß Schäfer oft weiße Hunde an Stricken führten, die sie nur zum Hetzen auf die Wölfe freiließen. Diese Hunde soll man damals als Schafhunde, Schafrüden oder diejenigen im sehr zottigen Fell als **Schafbudel** bezeichnet haben.
Schon Conrad Gessner beschrieb Mitte des 16. Jahrhunderts den »Schafhundt« als stark, frech, mutig und von mächtiger Statur mit einem furchterregenden Bellen und **mit einem weißen Fell, das dem der Schafe ähnlich war.**
Die Züchtung der hellen Farbe wurde ganz bewußt gefördert. Diese Tarnfarbe sollte es dem Wolf erschweren, in der Schafherde den Hund sofort zu erkennen. Gleichzeitig war auch die Gefahr ausgeschlossen, daß der Hirte den Hund mit einem Wolf verwechseln konnte. Bekannt waren vor allem die hessischen und die badischen (Odenwald) Schafpudel und die westfälischen aus dem Münsterland. Gemäß A. Gräfin vom Hagen (»Die Hunderassen«, Potsdam 1935) weiß man, daß die Hütehunde aus der Gegend von Hannover Blut des Polnischen Schafpudels aufwiesen. Während die wendigen, hellfarbigen und leichtfüßigen Schafpudel mit dem Hüten der Schafe beschäftigt waren, wurde der Hof durch den schwereren, zotthaarigen schwarzen Hütehund be-

wacht. Seine dunkle Tarnfarbe half ihm in der Nacht die Diebe unbemerkt zu überraschen.
Im Lexikon der Hundefreunde (1933) von Heinrich Zimmermann wird der Schafpudel folgendermaßen beschrieben: »**Schafpudel** - einer der drei Schläge der bodenständigen Hütehunde. Er ist ein mittelgroßer, untersetzter, von der Seite gesehen nicht zu langer Hund mit ausgesprochenem Zotthaar. Der ruhige Blick der dunkelbraunen Augen wirkt anziehend. Der Behang (Ohren) ist breit am Kopf angesetzt und von guter Länge. Sein Zotthaar hat reichliche Unterwolle, auch die Rute ist bis zu Spitze behaart.« Der Schafpudel, den man in alten Büchern noch als zotthaariges Zwischending zwischen Puli und Komondor finden kann, scheint heute praktisch ausgestorben zu sein.

Der Südrussische Owtscharka

(Owtscharka heißt Schäferhund)

Dieser durch die FCI der Gruppe 2 unter den Molossern eingeteilte weiße, langhaarige Hütehund erreicht eine Schulterhöhe von 76 - 86 cm. Es wird eine Mindestgröße von 64 cm verlangt. Heute wird dieser Hund immer im ausgekämmten Fell gezeigt, während der urtümliche Südrussische Owtscharka ein geschnürtes Haarkleid aufgewiesen haben soll. Man führt seine Herkunft auf Nomaden zurück, die ihn in die Ukraine aber auch nach Ungarn gebracht haben sollen, wo er auch an der Bildung des Komondors beteiligt gewesen sein soll. Sein Gewicht wird mit 50 - 70 kg angegeben, und in jüngerer Zeit gelang es auch einem Schweizer Ehepaar, unter schwierigsten Verhältnissen solche weiße Riesen aus Rußland auszuführen. (Eine offizielle Ausfuhr war damals noch verboten). Der erste Wurf wurde 1973 ins Schweizerische Hundestammbuch eingetragen. Die Züchterin war Frau I. Stuppan. Doch diese Zuchtversuche brachten Hunde, die sich von unseren durch ihr halbwildes Benehmen unterschieden und die sehr schwer zu plazieren waren, denn diese ausgezeichneten Wächter brauchten gleichzeitig eine feste und liebevolle Hand. Für unerfahrene Hundebesitzer waren diese Giganten nicht geeignet. Zudem brauchen sie sehr viel Platz, denn es liegt ihnen im Blut, ein großes Gebiet zu überwachen. Es war also nicht einfach, diesen russischen Hütehund zu einem angenehmen Familienhund heranzuziehen. In Rußland wurden sie auch von der Roten Armee gezüchtet, wo die aggressiven Veranlagungen zum scharfen Wachhund gefördert wurden. Zu seiner eigentlichen Aufgabe gehörte aber, als wachsamer Hirtenhund die Schafe vor Wölfen zu beschützen. Dazu waren ihm seine stattliche Größe und sein dichtes Wollfell sehr von Nutzen.
Ekaterina Stepanowa gelang es, eine Verbindung vom Südrussischen Owtscharka zum Pudel aufzuzeigen. Aus kynologischen Fachkreisen konnte sie über die Entwicklung des Pudels in Rußland folgendes in Erfahrung bringen: Nach verschiedenen Angaben sollen in Rußland in der Zeit Ivan des Schrecklichen (1533 bis 1583) große, langhaarige schwarze und braune pudelähnliche Hunde aufgetaucht sein. Einige davon sollen sich auch mit einem weißen Brustfleck

Oft liest man, der alte deutsche Schafpudel sei ausgestorben, doch Kurt Stahl, einem Hütehundezüchter aus Arborn (D), gelang es kürzlich, einen Abkömmling des Schafpudels aus dem Westerwald ausfindig zu machen und zu fotografieren. Es ist die Hündin Cora (aus Prinz und Bella). Cora ist als reiner Leistungshund beim Hüten von Schafherden im Einsatz. Hier zeigt sie sich im abgehaarten Sommerfell. Im Winter verzotteln ihre langen Haare zu einem schnürenartigen Fell.

Der imposante »Tjarko« ist einer der wenigen Südrussischen Owtscharki, die in der Schweiz gezüchtet wurden. Die Züchterin ist Marijke Heidenrijk aus Siegershausen (CH).

gezeigt haben. Von den Ausländern sollen diese Hunde als »Barbets« bezeichnet worden sein. Die Russen nannten sie dementsprechend »Barbossen«. Es gibt aber Quellen, die noch sehr viel weiter zurückführen, und es kann nicht ausgeschlossen werden, daß zu den Vorfahren des ungarischen Hirtenhundes auch die damaligen russischen »Barbossen« gehörten, die mit ihren Herren ins Dnjepr-Gebiet (heutige Ukraine) kamen, als dieses erschlossen wurde. Dies geht bis ins 9. Jahrhundert zurück. Doch diese Theorie läßt sich nur schwer beweisen. Schneider-Leyer (Die Hunde der Welt, 1960) vermutet, daß es sich bei diesen Hunden ursprünglich um spanische Hütehunde gehandelt haben könnte, die mit Merino-Schafherden nach Rußland kamen. Er führt die Entstehung des Südrussischen Owtscharka auf eine Kreuzung dieser Hütehunde (Barbossen) mit tatarischen Hirtenhunden und Steppenbarsois zurück.

Dokumentarisch belegt werden kann die Tatsache, daß gegen Ende des 19. und zu Beginn des 20. Jahrhunderts in Moskau der Großpudel bereits verbreitet war. Zu dieser Zeit gab es in Rußland aber noch keinen festgelegten Standard. **Auch Mischlinge vom Südrussischen Owtcharka wurden als Pudel akzeptiert.** Es soll damals auch Großpudel gegeben haben, die den ungarischen Hütehunden ähnlich waren. Auch schwarzweiße Harlekin-Großpudel sollen keine Seltenheit gewesen sein. Es waren vor allem die vornehmen Leute, die sich einen solchen »Königspudel« hielten. 1947 wurden an einer russischen Hundeausstellung 24 Großpudel mit Abstammungsurkunden gezeigt. Die andern Pudelgrößen waren zu dieser Zeit in Rußland noch nicht bekannt. Ein offizieller Standard für die Großpudel wurde in Rußland aber erst 1966 festgelegt. Die anderen Pudelgrößen kennt man dort erst seit den sechziger Jahren. Heute kann dieser beliebte Hund in Rußland dank Importen aus anderen europäischen Ländern in allen Größen und Farben gezüchtet werden. Die Qualität dieser Pudel läßt sich durchaus mit der unseren vergleichen.

Der Barbet

Frankreich, das Standardland des Pudels, sieht die Herkunft unseres weit verbreiteten Kraushaar-Hundes im Barbet.

Valeria Stembrouck-Wolf beschreibt den französischen Barbet in einem ausführlichen Artikel in der Zeitschrift »Partner Hund« (Nr. 4, 1995) unter dem Titel »Der Barbet, des Pudels wahrer Kern«. Zusammenfassend ergibt sich daraus folgendes Bild: Alles was wir am Pudel an guten Eigenschaften rühmen, scheint auch im Wesen des Barbets zu stecken: ideal zum Apport, leicht zu erziehen, begeisterter Schwimmer und nimmermüder Familienbegleiter, der stets zu einem Späßchen bereit ist. Schon 1570 beschreibt J. Caius diesen bärtigen Franzosen als »tüchtig und verspielt«.

Zur Pflege soll er regelmäßig gebürstet werden, doch

sein Bad nimmt er sich lieber selber, beim Apportieren aus dem Wasser. Auch geföhnt werden die Barbets nicht, denn ihr typisches Fell soll in Wellen oder im Kraushaar erkennbar bleiben. Die Bezeichnung »Barbet« hat er seinem dichten Bart zu verdanken. Kunstvolle Frisuren gibt es bei diesem Vetter des Pudels nicht. Der ganze Körper wird vom Wildwuchs seines Wollhaars überdeckt. Wird die Verfilzung zu stark, schneidet man ihm das Fell ganz kurz, um es anschließend wieder für zwei Jahre zu seinen typischen Zotteln heranwachsen zu lassen. Viel Bewegung an frischer Luft und im Wasser hält auch diesen Wollhund schlank und fit.

Obwohl er früher zu Recht als Ahnherr aller rauhhaarigen Vorstehhunderassen und des Pudels in der FCI-Gruppe 7 eingeteilt war, muß er heute als Retriever in der Gruppe 8 bei den Wasserhunden stehen. Dieser neue Standard gilt in Frankreich erst seit 1986.

Auf den Spuren nach dem Ursprung dieser alten Hunderasse tappt man ziemlich im Dunkeln. Einige Kynologen - wie zum Beispiel Strebel - sehen den Barbet als Übergangsform vom asiatischen zotthaarigen Schäferhund zum Pudel. Während Beckmann ihn zusammen mit dem Pudel mit dem langzotthaarigen Steppenhund in Verbindung bringt, will C. v. Heppe (1752) den Barbet wie den Pudel als ungarischen Wasserhund sehen. Unwiderlegbare Quellen über die Herkunft des Barbets sollen nicht mehr eruierbar sein. Darum wird es auch allgemein akzeptiert, daß Frankreich als Ursprungsland genannt wird, denn dort soll er schon im 14. Jahrhundert aufgetaucht sein.

Interessant ist es zu wissen, daß solche Hunde in Rußland unter dem Namen »Barbossen« schon im 9. Jahrhundert bekannt waren. In England wird er im 16. Jahrhundert unter der Bezeichnung »Old rough Waterdog« erwähnt.

Vor ein paar Jahren war dieser französische Hund dem Verschwinden nahe. Kaum 200 Exemplare waren noch aufzufinden. 1970 wurde in Frankreich kein einziger Wurf mehr eingetragen. Dann kam die Rettung in letzter Minute. Seit 1980 sind die Wurfmeldungen wieder zunehmend größer. 1989 wurden immerhin wieder 62 Welpen registriert. Leider führte die Festlegung der Größe zur Spaltung des Clubs. Inge Fischer und Rainer T. Georgii, zwei besonders engagierte Barbetsfreunde des ursprünglichen Schlages, bedauern sehr, daß diese Rettung in Frankreich nicht mit aller Sorgfalt überwacht wird. Sie sprechen von

Hier sehen wir die beiden Barbet-Arten, die offiziell als Vorfahren unseres Pudels gelten: Links den gewellten »Hercule di Barbochos Reinau de Prouvenco« gew. am 24.6.1992 und gezüchtet von Familie Petre in Tarascon. Er ist im Besitz von Inge Fischer und Rainer T. Georgii in Bélâbre (F), und er hat unter anderem auch die Vorstehhunde-Prüfung des VBBFL erfolgreich bestanden. Rechts die kraushaarige Hündin »Poppenspäler's Poil Armagnac«, die im Besitz ihrer Züchter Inge Fischer und Rainer T. Georgii ist.
Foto: Cyrille Tripotin

»Zerrettung«, wo man versucht, diese Hunderasse durch Einkreuzen des Großpudels wieder interessant zu machen. Seinem fröhlichen Wesen konnte zwar das Pudelblut nichts Schlechtes bringen, doch leider geht ihm durch diese Einkreuzung die Vorsteheigenschaft verloren. In Frankreich soll es nur noch eine einzige Züchterin geben, die den Barbet in seiner ursprünglichen Form als Vorstehhund weiterzüchtet.

Seine Größe wird mit einer Schulterhöhe von 45 - 56 cm und mit einem Gewicht von 15 bis 25 kg angegeben. Sein Haarkleid kann gewellt oder gelockt sein, und die Farben sind entweder Schwarz, Kastanienbraun, Falb, Grau mit oder ohne weiße Markierungen oder Weiß. Seine Rute ist unkupiert.

Der Portugiesische Wasserhund (Cão de Agua)

Die einen nennen den Portugiesischen Wasserhund als Vorfahren des Barbets und andere vertreten eine Theorie, die das Umgekehrte beweisen will. Doch eines ist sicher, der Cão de Agua ist eine uralte Hunderasse.

In Portugal existiert er schon seit Jahrhunderten. In Rom sollen ähnliche Wasserhunde als »Canis piscator« sogar schon vor unserer Zeitrechnung bekannt gewesen sein und die Bezeichnung »Canis leo« deutet darauf hin, daß man schon zur Zeit von Kaiser Augustus diesen Wasserhunden die Haare am Hinterteil weggeschnitten hat. Es sind auch entsprechende Abbildungen bekannt, die solche »Löwenhunde« zeigen. Es ist nicht ausgeschlossen, daß diese Hunde von den Phöniziern nach Rom gebracht worden sind, von wo aus sie nach Portugal gelangten. Doch es ist heute schwierig, Beweise zu erbringen.

Viele folgen der Vermutung, daß der Cão de Agua von den Mauren direkt aus Nordafrika auf die Iberische Halbinsel gebracht wurde. Die Fischer der Algarve haben diesen Hund bald als tüchtigen und unentbehrlichen Helfer entdeckt. Seine guten Schwimmleistungen ermöglichten den Einsatz als »Verbindungsagent« zwischen den Booten oder zwischen Schiff und Land. Diese Hunde halfen den Fischern, die Netze im Wasser auszulegen, und sie tauchten ins tiefe Wasser, um hinausgefallene Gegenstände zu apportieren, und bei starkem Nebel soll das Bellen des Cão de Agua vorne auf dem Bug des Schiffes die anderen Schiffe vor Zusammenstößen bewahrt haben. Dies war eine erstaunliche Leistung, denn der Cão de Agua wird nicht zu den Kläffern gezählt. Am Abend bestand seine Aufgabe darin, Fang und Boot seines Meisters zu bewachen. Aber all diese Arbeiten sind inzwischen durch technische Hilfsmittel über-

Der Portugiesische Wasserhund Weltjugendsieger 1994 »Hombre v. Winikon«, zeigt sich hier beim Training für die Wasserhunde-Prüfung. Züchterin und Besitzerin ist Corinne Kaufmann aus Winikon (CH).
Foto: C. Kaufmann

Eine große Ähnlichkeit mit einem Pudelwelpen zeigen hier »Cutwater's The Divine Miss M« im Alter von 12 Wochen zusammen mit ihrer älteren Schwester Ch. »Cutwater's Bonaventure«, die 1986 geworfen wurde. Ihre Fähigkeiten sind sehr vielseitig: neben ihren Schöheitsauszeichnungen haben sie auch Obedience-, Agility- und Wasserprüfungs-Titel. Die Züchterin dieser beiden Portugiesischen Wasserhunde ist Jane Harding und sie sind im Besitz der Züchterin und Melinda Miller.
Foto: »Animals Only« (Deborah-Lee Miller-Riley)

flüssig geworden. Er kann aber seine diesbezüglichen Fähigkeiten noch immer an Wasserprüfungen zeigen. Getestet werden zum Beispiel die Schwimmausdauer, das Apportieren aus dem Wasser mit je einem schwimmenden und einem sinkenden Gegenstand. Dabei wird die Zeit gemessen. Auch die Art des Wassersprungs und des Apportierens wird bewertet. Dem Cão de Agua sind seine leichte Erziehbarkeit und seine Freude am Wasser und am Apportieren geblieben, und die Umstellung zum Familienhund macht diesem Hund, der es wie alle Hunde sehr genießt, im Mittelpunkt zu stehen, keine Mühe. So wie alle anderen Wasserhunde, läßt sich auch der Cão de Agua leicht für den Agility-Sport begeistern.
Im Standard wird der Portugiesische Wasserhund als mittelgroßer Hund beschrieben. Die Rüden sollen eine Schulterhöhe von 50 bis 57 cm und die Hündinnen eine solche von 43 bis 52 cm aufweisen, bei einem Gewicht von 16 bis 25 kg. Dank seiner Schwimmfreude ist er sehr gut bemuskelt. Sein dichtes Haarkleid muß zum Ausstellen in der traditionellen Löwenschur für Wasserhunde (das heißt an der Hinterhand kahlgeschoren, ohne Pompons) gezeigt werden. Wie beim Barbet gibt es auch beim Cão de Agua zwei Haararten: entweder ziemlich lang, leicht gewellt, mit feinem Glanz oder etwas kürzer, ziemlich hart und dicht, kompakte Locken ohne Glanz.
Es gibt ihn in den Farben Schwarz oder Braun mit oder ohne weiße Abzeichen (die nicht mehr als ein Drittel ausmachen dürfen) oder auch ganz Weiß, wobei der Weiße gut pigmentiert sein muß. Seine Rute wird nicht kupiert. Ist diese verstümmelt oder nicht vorhanden, so wird er zur Ausstellung nicht zugelassen. Er trägt seine Rute stolz über den Rücken gebogen, wie es beim Pudel nicht erwünscht ist.
Die Wesensart des Cão de Agua wird - wie die des Pudels - als aufgeweckt, verspielt und anhänglich bezeichnet.

Der Spanische Wasserhund

Der Perro de Agua Español ist ein Arbeitshund, der ebenso gern dem Fischer hilft wie die Schafe hütet. Über seine Herkunft kann man lesen, daß er gegen Ende des 18. Jahrhunderts auf türkischen Schiffen nach Spanien gekommen sei. Daher soll auch sein alter Name »el Turco Andaluz« erinnern. Sein Fell, das sich leicht zu Schnüren verfilzen läßt, erinnert an den Puli. Der »Perro« wird als äußerst lernwillig bezeichnet, er ist sich aber, wie alle Wasserhunde, an selbständiges Arbeiten gewohnt. Darum läßt er sich nicht auf die gleiche Art abrichten, wie wir uns das von unseren Gebrauchshunden gewohnt sind. Mit Zwang erreicht man bei ihm nichts. Freiwillig kann er aber Erstaunliches leisten, um seinem Meister zu gefallen. Ihm muß man genügend Gelegenheiten geben, seine Fähigkeiten zu entdecken und zu entwickeln. Wie alle aufgeweckten Hunde muß auch er beschäftigt werden, denn wenn er sich langweilt, kann es sogar passieren, daß er seinen Dienst verweigert. Im übrigen liebt er den Kontakt zu seiner Bezugsperson und er genießt es natürlich, wenn er im Haus gehalten wird. Fremden gegenüber verhält er sich zurückhaltend und wachsam, aber nicht aggressiv. In Spanien wird der Perro de Agua neuerdings auch für den Schutzdienst und für den Agility-Sport ausgebildet. Er ist ein robuster Hund, denn zur Zucht wurden bisher nur die Hunde ausgesucht, die im täglichen Arbeitsleben ihren »Hund« stellten.

Dieser hübsch gefleckte zotthaarige Spanische Wasserhund ist sieben Monate alt. Er heißt »Escribania de Ubrigue«, genannt »Rasta«. Der Züchter ist Antonio Garcia Perez, Cadiz (E). Die Besitzerin Inge Fischer aus Bélâbre (F) hat diese Hündin inzwischen bereits erfolgreich ausgestellt. Sie ist zweifacher Champion und Bundes- und Europasieger.
Foto: Ernst-Dieter Fischer

Von der FCI ist er erst seit kurzem anerkannt. Da er als Hütehund oft mit dornigen Hecken in Kontakt kommt, wird ihm vorbeugend die Rute kupiert. Die Behauptung, der Wasserhund hätte keine Unterwolle trifft nicht zu. Sein Fell, das zur Schnürenbildung neigt, kann ihn vor Kratzern schützen. Zudem entfällt das Haaren, da die ausgefallenen Haare in den »Rasta-Locken« hängen bleiben. So wird dieser anhängliche Hund wie der Puli, der Komondor oder der Schnürenpudel weder gebürstet noch gekämmt, denn es sollen sich lange, feste Schnüre bilden, die bis auf die Haut säuberlich voneinander getrennt werden müssen. Wird diese Haarpracht aber allzu üppig, so können diese Hunde wie die Schafe geschoren werden. Zum Ausstellen ist auch eine Arbeitsschur, bei der Gesicht und Pfoten von hinderlichen Haaren befreit werden, zugelassen.
Der Standard gibt für Hündinnen eine Obergrenze von 45 cm an, bei Rüden liegt sie bei 50 cm.
Das Gewicht kann variieren zwischen 12 - 16 kg für Hündinnen und 16 - 20 kg für Rüden. Folgende Farben werden zugelassen: einfarbig weiß, schwarz oder braun, zweifarbig schwarz und weiß oder braun und weiß. Dreifarbige sind nicht erwünscht.
Hätte der »Perro« die Rute nicht geschnitten, so könnte er mit seinem Schnürenfell sogar an den uralten zotthaarigen deutschen Schafpudel erinnern. Diese Feststellung bestätigt die Theorie, daß man die Wasserhunde auf die alten Hütehunde zurückführen kann.
Die Angaben zu diesem Kurzportrait wurden freundlicherweise von Inge Fischer und Rainer T. Georgii zur Verfügung gestellt.

Der Lagotto Romagnolo

Anläßlich der FCI-Versammlung vom 10. März 1995 wurde der kraushaarige italienische Wasserhund als separate Hunderasse mit der Bezeichnung Lagotto Romagnolo offiziell anerkannt. Ähnliche Kraushaarhunde findet man schon auf italienischen Gemälden aus dem 15. Jahrhundert. Ursprünglich diente der Lagotto, wie die meisten Wasserhunde, als Apportierhund. Aber bereits im letzten Jahrhundert wurde er auf seinen speziellen Einsatz als Trüffelsuchhund trainiert. Der widerstandsfähige Hund mit seinem dichten Fell erwies sich als geeignet für diesen Einsatz in den nebelnassen und dornenreichen Herbstwäldern der Romagna. Mit der Abrichtung der Hunde wird sehr früh angefangen. Schon drei Monate alte Welpen werden auf den Geschmack der begehrten Kostbarkeit gebracht. In Lappen eingewickelte und versteckte Trüffelstücke sollen vorerst den Spürsinn stimulieren. Bald lernt der Welpe, diese aufzufinden. Er wird mit einem Stück Brot und mit vielen Liebkosungen belohnt, so daß es ihn sehr freut, die Suche zu wiederholen. Wie die Drogensuchhunde muß auch der Lagotto rechtzeitig lernen, daß er den teuren Fund nur anzeigen, nicht aber verschlingen oder be-

Dieses Bild vom gut ausgebildeten Trüffelsuchhund, dem italienischen Lagotto Romagnolo, der seit März 1995 auch als internationale Hunderasse anerkannt wird, wurde freundlicherweise vom Präsidenten des italienischen Lagotto-Clubs, Giovanni Morsiani aus Bagnara di Romagna, zur Verfügung gestellt.

schädigen darf. Als aufgeweckter, gut motivierbarer und frühreifer Hund, kann er diese Aufgabe schnell verstehen. Dabei kommt es ihm zugute, daß in der Zucht darauf geachtet wurde, den Jagdtrieb mehr und mehr zum Verschwinden zu bringen. Somit kann er sich im Wald ohne Ablenkung auf seine wichtige Arbeit konzentrieren.

G. Morsiani ist stolz darauf, sagen zu können, daß das Bild dieses urtümlichen Wasserhundes über Jahrhunderte durch keine anderen Hunderassen verfälscht wurde. Er versucht ihn sogar bis zum Torfhund zurückzuverfolgen. Er war es auch, der den ersten Standard aufstellte. Daraus läßt sich folgendes entnehmen: Diesen kraushaarigen Wollhund gibt es in allen warmen Farbtönen wie Braun, Organgefarben oder Crème, einfarbig oder mit Flecken durchmischt. Auch eine dunkle Maske (braun) ist erlaubt. Unerwünscht sind die Farben Schwarz, Reinweiß oder Grau. Auch das Wollfell des Lagotto neigt zum Verfilzen. Darum soll er einmal pro Jahr einen kompletten Kahlschnitt bekommen.

Seine Größe variiert zwischen 43 bis 48 cm, bei einem Gewicht von 11 bis 16 kg. Die unkupierte Rute sollte nicht über den Rücken gekrümmt getragen werden. Neben seinem Einsatz für die Trüffelsuche hat er seine Freude am nassen Element behalten. Durch sein wasserabstoßendes Fell soll es ihm nichts ausmachen, auch in kaltes Wasser zu steigen. Im Haus des Meisters bewährt er sich als guter Wächter. Seit kurzem kann man dieses urtümliche Hundegeschöpf auch an Ausstellungen bewundern.

Nebst dem Kraushaar weisen auch andere Eigenschaften des Lagottos auf eine Ähnlichkeit mit dem

Die Lagotto-Hündin »Fida« ist im Besitz von Inge Fischer, F-Bélâbre. Foto: I. Fischer

Pudel hin. Im umfangreichen Archiv von Anne und Claudia Nagel aus Hamburg findet man folgende Notiz: Schon Döbel soll in seinem Werk »Jägerpraktica« (1754) erwähnt haben, daß der Pudel in der Trüffelsuche allen anderen Hunden überlegen war. Claudius Hüter schreibt 1907 in »DER DEUTSCHE PUDEL« (Verlag des Deutschen Pudelklubs München), daß der Pudel in Italien, Spanien, Frankreich und in gewissen Gegenden Deutschlands (Thüringen, Baden und Hannover) zur Auffindung dieses kostbaren Kugelpilzes im Herbst und in milden Wintern eingesetzt wird. Weiter wird berichtet, daß der kaiserliche Oberförster v. Meyerinck viele Jahre auf der Oberförsterei Lödderitz an der Elbe einen Stamm reiner Pudel gezüchtet haben soll, die ausschließlich zur Trüffelsuche eingesetzt wurden. Es sollen vornehmlich kleine Pudel gewesen sein. Des weiteren wird aus der Zeitschrift »HUND«, Jahrgang 1883 eine eingehende Schilderung der »Trüffeljagd« und der hierzu nötigen Dressur zitiert. Schon damals kannte man die Ausbildungsmethode, die man beim Lagotto heute noch anwendet.
Die Angaben über diesen frisch anerkannten Wasserhund sind dem Präsidenten des italienischen Lagotto-Clubs und Maja Mächler zu verdanken.

Schlußfolgerungen

Aus der Flut der überlieferten Informationen zur Herkunft der Vorfahren unseres Pudels lassen sich folgende Schlüsse ziehen: Die ursprüngliche Heimat der zotthaarigen Hunde könnte man in Zentralasien (Tibet, Mongolei) finden. An der Verbreitung waren vorerst die seefahrenden Phönizier beteiligt, die diese Hunde nach Nordafrika und in wichtige Hafenstädte von Portugal, Spanien und Italien brachten. Dann ließen sich auch die Hunnen zur Zeit der Völkerwanderung von ihren zotthaarigen Hunden begleiten. So wird jedenfalls die Verbreitung des Pulis in Ungarn erklärt. Spätere Vermischungen brachten die Verschiebungen von Schafherden von Spanien nach Ungarn oder Rußland oder umgekehrt.
Damit wird erklärt, wie der alte Hütehund nach Nordafrika und anschließend als Wasserhund nach Spanien und später als Begleiter von Schafherden mit der Bezeichnung »Barbet« über Frankreich vereinzelt wieder nach Rußland und Ungarn gelangte. Dort trafen die vierbeinigen asiatischen Hunde der Hunnen wieder mit den von den Phöniziern »entführten« Vettern zusammen. Auch in umgekehrter Richtung fanden Verschiebungen statt. So wissen wir, daß der spanische Wasserhund zusammen mit Schafen von der Türkei nach Spanien kam. Auch in England kannte man zu dieser Zeit einen ähnlichen Wasserhund.
Überall, wo diese zotthaarigen Hunde auftauchten, bestand theoretisch die Möglichkeit der Entwicklung des Pudels. Diese Erkenntnis erklärt die Schwierigkeit der Festlegung des Ursprungslandes unseres Wollhundes. Unserem heutigen Pudel wird also je nach Größe und Farbe mehr oder weniger russisches, ungarisches, spanisches, deutsches oder französisches Blut durch die Adern fließen, wenn wir ihn nicht direkt zum Tibet-Terrier zurückführen wollen.

Seit wann gibt es den Pudel und woher kommt seine Bezeichnung?

Nicht bei jeder Hunderasse besteht das Bedürfnis so weit in die Vergangenheit zu blicken, wie es beim traditionsreichen Pudel immer wieder versucht wird. Viele Pudelbesitzer erwähnen stolz, daß man diesen Hund bis ins 16. Jahrhundert zurückführen kann. Doch vorab eine Ernüchterung: Nach Ludwig Beckmann sollen im deutschen Sprachgebiet alle zotthaarigen Hunde im 17. und 18. Jahrhundert, ohne Unterschied ob Jagd-, Wasser- oder Hütehund, als »Pudel« bezeichnet worden sein. Wenn in alten Geschichten ein Pudel erwähnt wird, so muß das also nicht unbedingt der Hund sein, den wir heute als Pudel kennen.
Das Wort »Pudel« entstammt dem alten deutschen Ausdruck »Pfudel«, was soviel wie Pfütze heißt. Darin wird die Beziehung zum Wasser ausgedrückt. Einen weiteren Bezug finden wir in der altbekannten Bezeichnung »pudelnaß«.
Zu gleicher Zeit bezeichnete man in Frankreich diese zotthaarigen Hunde ihres auffälligen Bartes wegen als »Barbets«. Auch die Russen fanden das entsprechende Wort. Dort nannte man diese Hunde »Barbossen«. In Italien wird der Pudel noch heute »Barbone« (italienische Übersetzung von »Barbet«) genannt.
Die französische Bezeichnung »Caniche« soll auf den ersten Verwendungszweck hinweisen: Er wurde vor allem für die Entenjagd (canard) eingesetzt.

In England soll das Wort Pudel im Jahre 1643 zum ersten Mal schriftlich festgehalten worden sein und zwar im Zusammenhang mit einem großen weißen Wollhund mit dem Namen »Boy«, der aus einer vornehmen deutschen Zucht stammte. Später wurde dann in England die Bezeichnung »French Poodle« ein Begriff. So brachte man das deutsche Wort Pudel mit Frankreich in Verbindung. Aber so gut wie ein »Great Dane« (Deutsche Dogge) kein Däne ist, muß auch der »French Poodle« nicht unbedingt ein Franzose sein ... meinte der holländische Kynologe L. Seegers 1913 in einem seiner Werke.

Auf der Suche nach den Anfängen des Pudels kommt man aber nicht nur nach Frankreich, Spanien und Deutschland, auch in Ungarn scheint man einen ähnlichen Hund schon lange zu kennen. Da heute bekannt ist, daß Schafherden aus Ungarn mitsamt den Hunden nach Deutschland exportiert wurden, ließe sich vorstellen, daß dieses ungarische Hundeblut auch mit dem der deutschen Schafpudeln vermischt wurde. Beim Schnürenpudel treffen wir immerhin auf eine gewisse Verwandtschaft des Fells mit dem Puli und dem Komondor.

Schon aus dem 16. Jahrhundert kennen wir Abbildungen, die gefleckte kraushaarige Hunde bei der Jagd auf Wasserwild zeigen. Diese Hunde als Pudel zu bezeichnen, wäre vielleicht eine Anmaßung. Das Verlockende daran ist nur, daß die jeweiligen Beschreibungen damaliger Kynologen auf unseren stolzen Hund sehr gut passen würden.

In Deutschland leitete man den Pudel von zotthaarigen Hirtenhunden ab. Strebel sieht ihn als Kreuzung zwischen einem Schäfer- und einem Jagdhund. P. Reichenbach will den Urpudel einem osteuropäischen Hirtenhund gleichsetzen, während die Franzosen stolz ihren Barbet als alleinigen Ahnherr des Pudels hervorheben.
Vermutlich steckt in all diesen Theorien eine Spur von Wahrheit, denn bei den verschiedenen Varianten, die wir beim Pudel kennen, ist durchaus zu erwarten, daß die einzelnen Größen durch verschiedene Einflüsse zustande kamen.

Für alle Hunderassen, die schon vor ihrer offiziellen Registrierung gezüchtet wurden, wird es schwer sein, ihre eigentliche Entstehung nachzuweisen, denn früher gab es immer wieder Paarungen, die bei den heutigen Züchtern Kopfschütteln hervorrufen würden.

Schon damals war der Pudel nicht allein zum Schönsein geboren: Der Große führte Blinde, zog den Wagen von Gauklern oder er war als Kriegs- oder Hütehund im Einsatz. Auch der Mittlere verstand es als Schafhüter zu arbeiten oder er war bei der Wasserjagd behilflich, bis er seine Künste im Zirkus zeigte, und der kleinste soll neben seiner Funktion als Gesellschafter vornehmer Damen auch zur Trüffelsuche ausgebildet worden sein.

All diese Fähigkeiten stecken auch heute noch im Pudel.

Wem kann man es übelnehmen, wenn er sich freut, daß man schon 1643 den treuen großen weißen Hund von Prinz Rupert und den tapferen Kriegshund »Moustache« als Pudel bezeichnet? Warum soll man Döbel nicht glauben, wenn er 1754 in seiner »Jägerpraktica« vom **Pudel** schreibt, daß er in der Trüffelsuche allen andern Hunden überlegen war? Nachträglich ist es schwer zu sagen, ob es ein Pudel, ein Barbet, ein Hütehund oder ein Lagotto war.

Immerhin gibt es zeitgenössische Abbildungen aus dem 17. und 18. Jahrhundert, die unseren heutigen Pudel bereits erkennen lassen.

Komplimente an den alten Pudelhund

Der »Urpudel« als zuverlässiger Schafhüter oder als einsatzfreudiger Jagdgehilfe wurde schon lange von angesehenen Hundekennern verehrt: Gegen Mitte des 19. Jahrhunderts hielt W. Youatt, der Tierarzt der englischen Königin, fest, daß man den Pudel zu verschiedenen nützlichen Zwecken abrichten kann und daß er sich wegen seiner Treue und Anhänglichkeit besser zum Begleiter des Menschen eignet als ein gewöhnlicher Jagdhund.
Doch die lobenden Bemerkungen über diesen Hund gehen noch viel weiter zurück.
Heinrich Wilhelm Döbel schreibt in seinem Buch »Jägerpraktica« (Leipzig, 1754) vom Pudel oder Ungarischen Wasserhund: »Diesen möchte man wohl den Scharwenzel nennen, in dem derselbe so gelehrig ist, daß er fast alles nachmacht und annimmt«. Er erwähnt auch, daß der Pudel in der Trüffelsuche allen andern Hunden überlegen war.
1840 macht der Schweizer Gelehrte Peter Scheitlin in seinem Werk »Versuch einer vollständigen Tierseelenkunde« dem Pudel das größte Kompliment: »Der vollkommenste Hund ist der Pudel und was Gescheites und Braves am Hunde gerühmt wird, bezieht sich vereint auf ihn. Er hat Eigenheiten, Sonderbarkeiten, Originalitäten und Genialitäten«.
Im Buch »Die Schäferhunde der Gegenwart« rühmt Rudolf Löns 1927 den Hirten- oder Schäferpudel als den klügsten, vornehmsten und lustigsten, und er schließt sein Lob mit der Bemerkung: »Der Hundeliebhaber kann keinen besseren, tüchtigeren, eigenartigeren und auffallenderen Begleithund finden als den Hirtenpudel.« (Nachzulesen in der Enzyklopädie der Rassehunde von Hans Räber.)
Auch dem Faltblatt des Vereins für den Pudelpointer kann man Bewunderung für den Königspudel entnehmen. »Besonders gerühmt wurden seine Stöber- und Wasserpassion, sein Spurwille und Spurlaut, seine Apportierlust und Verlorenbringerfähigkeit, seine Raubwildschärfe, seine Intelligenz und Lernfähigkeit. Er galt als der Intelligenteste aller Hunde«. (Adolf Wienecke).
Mit soviel Lob stand dem Pudel der Weg vom Jagd- zum Begleithund offen.
Als sich die Jäger vermehrt pflegeleichtere, kurzhaarige Hunde aus England holten, kam der lustige Woll-

hund, seiner Aufgabe beraubt, immer mehr in die Rolle eines volkstümlichen Spaßmachers. Sein Talent zum Zirkushund wurde entdeckt.
Nach Ludwig Beckmann gilt der Pudel seit Anfang des 19. Jahrhunderts vorwiegend als Gesellschaftshund.

Der Pudel als Zirkusstar

Schon im 17. Jahrhundert wurden an Volksfesten und Jahrmärkten Pudel gezeigt. Diese ernteten entweder als Akrobaten oder als Zauberkünstler den Applaus der Zuschauer. Eine aufsehenerregende Akrobaten-Nummer mit Pudeln stellte der englische Hunde-Dresseur James Atherton in den Jahren um 1880 vor. Seine »Woll-Löwen« beherrschten nicht nur das Gehen auf zwei Beinen, sie überraschten vor allem mit ihren außergewöhnlichen Sprüngen über hochgestellte Stühle, durch brennende Ringe und schwe-

Das legendäre Bild vom »Tanzenden Hund« wurde 1636 vom niederländischen Künstler Jan Steen gemalt. Es zeigt einen Hund, der zu Flötenmusik auf zwei Beinen tanzt. Es gibt kaum eine andere Hunderasse, die diesem Hund näher kommen könnte als der Pudel. In der gleichen Art bringt er uns auch heute noch zum Ausdruck, daß er gerne im Mittelpunkt steht.

Munito, das Hunde-Genie
»Munitos« große Zeit lag zwischen 1814 und 1818. Er zeigte seine Zaubertricks in London und Paris. Auf Plakaten, die auf Munitos Vorstellungen hinwiesen, konnte man folgendes lesen: »Dieser wunderbare Hund kennt das Alphabet, er kann Wörter kopieren und rechnen. Er kennt alle Spielkarten und er kann dem Zuschauer jede gewünschte Karte holen. Er spielt Domino und er zeigt noch viel mehr.« Die Vorführungen fanden täglich zweimal statt.
Munito stammte aus Mailand und wurde von einem Holländer ausgebildet und vorgeführt. In »Education du Chien« (1866) beschreibt E. de Tarade, wie Munito arbeitete: Er spazierte in einem Kreis von Karten, bis er das Zeichen seines Meisters hörte (das soll ein feines Klicken der Fingernägel gewesen sein), dann stand der Vierbeiner sofort still und nahm die nächstliegende Karte auf. Das erwähnte Zeichen wurde vom Pudel sogar zur Kenntnis genommen, wenn sein Trainer die Hände in die Rocktasche steckte.

Es gibt ihn auch heute noch, den Pudel als Artistenhund. Das beweist die gut trainierte Pudelgruppe von Edelgard Mechsner aus Berlin.

bende Tunnels. Aber schon 60 Jahre früher versetzte das Hundegenie »Munito« die Zuschauer mit seinen Zaubertricks ins Staunen. Seine Nachfolgerin ist »Poupette« von Gilles Péclard, und Edelgard Mechsner aus Berlin schaffte es kürzlich mit ihrem vierbeinigen Akrobaten-Team in der Berliner Oper aufzutreten.

Das sind Leistungen von Vier- und Zweibeinern, die Respekt verdienen, denn sie erfordern eine hohe Aufmerksamkeit.

Gegen Ende des 19. Jahrhunderts kam ein neuer auffälliger Pudelhund in Mode:

Der Schnürenpudel

Er war ein Renommierhund reicher Leute, der den zuvor sehr populären Wollpudel für kurze Zeit in den Hintergrund drängte. Laut Ludwig Beckmann (1895) wurden schon 1876 an der internationalen Hundeausstellung in Berlin als Kuriosität ein paar Schnürenpudel gezeigt. Anschließend sollen sie sich über den ganzen Kontinent bis nach Rußland verbreitet haben. Auch in England wurden diese auffälligen Pudel gerne an Ausstellungen gezeigt.
Vorerst wurden sie an den Ausstellungen separat bewertet, bis man endlich feststellte, daß es sich auch um einen Pudel handelt, der nur in einer andern Art gepflegt wurde. Leider hatte die damalige Bestimmung »Je länger die Schnüre, desto höher die Bewertung« einen verheerenden Einfluß. Sie wirkte als Ansporn für Übertreibungen. Es wird sogar gesagt, daß für die Pflege dieser Pudel oft eigens ein Diener angestellt wurde. Die auffälligsten Exemplare fand man zu dieser Zeit vielleicht in England. Ihre Vorfahren wurden vorwiegend aus Deutschland und aus Rußland importiert.
Langsam kam diese exklusive Pflegeart wieder aus der Mode, und endlich konnte sich der ehemals beliebte Wollpudel erneut einen großen Kreis von Liebhabern schaffen. Gleichzeitig erfolgte auch die kynologische Umteilung. Der Pudel wurde von den Jagdhunden zu den Begleithunden umgeteilt und man glaubte schon, der Schnürenpudel gehöre jetzt der Vergangenheit an, als 1957 die gut gepflegte vierjährige Schnürenpudel-Hündin »Cora Alsh« aus Brüssel ausgestellt wurde. Um 1980 traf man in England wieder ein prächtiges Exemplar. Im selben Jahr sorgte auch in den USA ein im Schnürenfell gepflegter Pudel für Aufsehen und in den letzten Jahren konnten in Frankreich wieder drei Schnürenpudel von sich reden machen. Einer davon war »Jules« von Anne Abile-Gal, der nachfolgend vorgestellt wird.
Die heutigen Schnürenpudel zeigen sich in schön gepflegten Haarzotteln von vernünftiger Länge. Sie sind also kein Fall für den Tierschutz.

Man muß aber wissen, daß sich nicht jedes Pudelfell zur Schnürenbildung eignet. Umgekehrt ist es kein Problem: Aus jedem Schnürenpudel kann man bei entsprechender Pflege einen Wollpudel machen. Praktisch alle Schnürenpudel, die bekannt sind, waren Großpudel.

Anfang dieses Jahrhunderts geriet die Pflege der Schnürenpudel und damit der Pudel überhaupt in Mißkredit. Dies vor allem der über bodenlangen Schnüre wegen, die im Alltag mühsam hochgebunden werden mußten. Hält man die Schnüre in vernünftiger Länge, gibt es gegen diese Pflegeart nichts einzuwenden und durch die heutigen technischen Mittel (Fön) ist auch das Trocknen dieser Filzbündel etwas einfacher geworden. Wissenschaftliche Haaranalysen haben gezeigt, daß die Struktur des Pudelhaares der der ungarischen Hütehunde (Puli und Komondor) sehr ähnlich ist.

Arthur Wardle hat diese zwei typischen Schnürenpudel mit ihren übertrieben langen Schnüren gezeichnet. Die beiden vermitteln ein typisches Bild dieses Renommierhundes, der um die Jahrhundertwende in Mode war.

Heute gibt es bereits wieder verschiedene Pudelbesitzer, die sich für die außergewöhnliche Pflegeart des Schnürenpudels interessieren. Ein Versuch zur Umstellung von der üblichen Pflege des Wollfells zur Schnürenpflege ist aber nicht ganz unproblematisch, denn falls die nötige Veranlagung zur Bildung von einzelnen Haarzotteln fehlt, kann der Verzicht auf das Bürsten verheerende Folgen haben. Einer möglichen Flächenverfilzung über der Haut könnte nur noch ein Kahlschnitt Abhilfe schaffen.

Die Veranlagung zur Haarsträhnenbildung läßt sich am besten im nassen Fell erkennen. Ein entsprechendes Experiment ließe sich demnach am besten im Sommer planen, denn es wird empfohlen, zuerst das rund 10 cm lange Fell noch einmal sorgfältig mit Shampoo zu waschen und anschließend wenigstens für das erste Mal an der Luft (ohne Fön) trocknen zu lassen. Auf diese Weise sollten sich schöne regelmäßige Zotteln bilden. Die Pflege des Schnürenfells besteht, wie bereits erwähnt, nicht im Bürsten sondern im sorgfältigen Separieren der einzelnen Schnüre. Die Besitzer der heutigen Schnürenpudel betonen immer wieder, daß diese tägliche Fellpflege sehr gut zu bewältigen sei. Etwas mühsamer ist das Baden. Dabei hat man zwar die Möglichkeit, das Fell an der frischen Luft selber trocknen zu lassen, doch bis es soweit ist, kann es Tage dauern, und wer eine empfindliche Nase hat, könnte sich am typischen Geruch von nasser Wolle stören. Wer die Arbeit nicht

Diese neuzeitliche Schnürenpudel-Hündin wurde in England um 1980 ausgestellt, also rund hundert Jahre nach der großen Mode dieser Pflegeart. Nach heutiger Standard-Bestimmung sollte die Schnürenlänge der ausgestellten Pudel mindestens 20 cm betragen. Foto: Diane Pearce

Jules, der glückliche Schnürenpudel

Anne Abile-Gal aus Frankreich träumte schon immer von einem Schnürenpudel. Kaufen konnte sie ihn sich nicht, denn kein Züchter kann sagen, ob sich der gekaufte Welpe zu dieser Pflegeart eignen wird oder nicht. So entschloß sie sich eines Tages für einen ganz gewöhnlichen schwarzen Großpudelwelpen. Sie pflegte diesen Rüden normal bis zur Zuchttauglichkeitsprüfung. Dann ließ sie ihren Junghund für sechs Monate fern von Kamm und Bürste und das Wunder nahm seinen Lauf. Der Traum von Anne wurde wahr: Es begannen sich Filzzotteln zu bilden. Jetzt bestand die Arbeit der Pflege nicht mehr im Kämmen, sondern im regelmäßigen Trennen der einzelnen Filz-Kordeln, denn für die Atmung der Haut ist es nötig, daß diese Zotteln immer bis auf den Haarboden säuberlich voneinander getrennt werden. Die begeisterte Schnürenpudel-Besitzerin fand diese Arbeit, die sie während des Kraulens im Fell erledigen konnte, überhaupt nicht mühsam. Das hängt damit zusammen, daß »Jules« nie in bodenlangen Schnüren gezeigt wurde. Dieser Rüde schaffte es sogar, in seinem Schnürenfell sich den Titel »Champion de France« zu holen. Dies geschah in Konkurrenz mit den Wollpudeln, denn die Zeiten, als die Schnürenpudel separat gerichtet wurden, sind längst vorbei.

Als Jules ins zehnte Lebensjahr kam, entschloß sich seine Besitzerin, ihn von seiner Schnürenlast zu befreien. Die abgeschnittenen Schnüre brachten immerhin ein Gewicht von drei Kilo auf die Waage. Heute trauert Anne Abile-Gal um die weggeschnittene, aparte Zottel-Frisur und sie erwähnt, daß sie nun zur Pflege von »Jules« als Wollpudel mehr Zeit aufwendet, als sie zuvor für das Trennen der einzelnen Kordeln gebraucht hatte.

Jules erinnert uns stark an die beiden ungarischen Hütehunde, den Komondor und den Puli.

scheut, kann diesem Übel Abhilfe schaffen. Anne Abile-Gal, die begeisterte Schnürenpudel-Besitzerin aus Frankreich nahm alle paar Monate die mehrstündige Arbeit des Trocknens mit Hilfe des Föns auf sich. Da sich diese Wollschnüre mit Hilfe des Einfilzens der ausgefallenen Haare bilden, sind dem Wachstum dieser Zotteln keine natürlichen Grenzen gesetzt. Darum ist der Schnürenpudel auf den gesunden Menschenverstand seines Besitzers angewiesen. Zum Glück ist man heute in dieser Beziehung vernünftiger geworden, und es bleibt zu hoffen, daß es auch bei zunehmenden Interesse dabei bleiben wird, denn der Ehrgeiz der Aussteller sollte nicht wieder auf Kosten einer artgerechten Haltung des Pudels gehen, wie das um die Jahrhundertwende mit den überlangen Schnüren der Fall gewesen war.

Zwei Verwandte im Schnürenkleid:

Der Komondor

Vom Komondor, wie auch vom Südrussischen Schäferhund (Owtscharka), wird erklärt, daß ihn seine Filzzotteln beim Hüten der Schafe und der Rinder im Kampf mit dem Wolf vor Verletzungen schützen konnten. Die Wolfszähne hatten scheinbar keine Chance den Filz zu durchdringen.

Diese Hunderasse soll schon 1544 zum ersten Mal als Hüter von Rinderherden erwähnt worden sein. Es wird berichtet, daß ihn die Magyaren auf ihrer Wanderung schon vor unserer Zeitrechnung als Hütehund für ihre Herden nach Osteuropa gebracht haben sol-

Diesen sorgfältig gepflegten Komondor hat Sally Anne Thompson fotografiert.

len. Andere behaupten, er sei in Verbindung mit dem Südrussischen Owtscharka oder den russischen »Barbossen« entstanden. Ein offizieller Standard wurde erst 1954 aufgestellt.

Der Komondor ist ein großer Hund mit einer Schulterhöhe von über 70 cm. Sein Gewicht schwankt zwischen 40 bis 60 kg. Er wird als mutiger, widerstandsfähiger und wesensfester Gebrauchshund beschrieben, der viel Bewegung braucht. Seine Fellfarbe ist immer weiß. Auch seine verfilzten Haarzotteln sind vorgeschrieben.

Zur Pflege dieses Schnürenfells gibt Philipp U. Weber-Candrian im Andenken an seine unvergeßliche Komondor-Hündin »Guarda« folgende Hinweise: »Die Verfilzung des Fells beim Komondor ist ein natürlicher Vorgang. Die Bildung der Schnüre oder Zotteln bedarf aber der Hilfe des Menschen, damit das Fell nicht zu Platten verfilzt. Zur Atmung der Haut müssen die ein-

Frau Heidi Zehnder aus Neuenegg (CH), die Besitzerin des weißen Pulis »Hodok zur Orchis«, geworfen am 20.1.1981, erinnert sich an die große Angst, die dieser Rüde vor dem laufenden Fön hatte. So gab es für seine Besitzerin vor einem nötigen Hundebad nur die Möglichkeit, den Wetterbericht genau zu studieren, und es in eine Schönwetterperiode einzuplanen, damit »Hodok« nicht tagelang mit feuchten Haarzotteln umherlaufen mußte. Wie dieses Bild zeigt, war Heidi Zehnder auch bemüht, die aparten Filzzotteln ihres Hundes in vernünftiger Länge zu halten, so daß er beim Spazieren und beim Umhertollen nie zu stark behindert wurde. Der Nachteil war, daß sie dafür an den Ausstellungen in der Bewertung einen Abzug in Kauf nehmen mußte.

zelnen Schnüre oder Zotteln immer wieder unterteilt werden, so daß sie direkt von der Haut weg, frei in einzelnen Bahnen hinunterhängen. Diese Pflegearbeit sollte mindestens einmal pro Woche verrichtet werden.«

Er erwähnt, daß seine Zottelhunde zwei- bis viermal pro Jahr im Hundesalon gebadet werden und daß das Trocknen der Zotteln eines mehrstündigen Fönens bedarf.

Der Komondor ist ein Hund für spezielle Liebhaber, denn seine Pflege ist relativ aufwendig. Ein Spaziergang über nasse Wiesen und Wälder bedingt ein anschließendes Reinigen und Trocknen.

Der Puli

In bezug auf die Herkunft wird beim Puli Ähnliches berichtet wie beim Komondor. Erna Mohr fand über die Beschaffenheit des Fells eine Verwandtschaft mit dem Tibet-Terrier.

Der Puli ist ein altbekannter ungarischer Hütehund. Durch seine Größe läßt er sich vom Komondor problemlos unterscheiden. Seine Schulterhöhe beträgt nur 35 bis 44 cm. Das sind die Maße unseres Mittelpudels. Auch sein Gewicht wäre mit der entsprechenden Pudelgröße vergleichbar. Es wird mit 8 bis 13 kg angegeben.

Früher kam der Puli in mehreren Farben vor, auch gefleckte gab es damals noch zu sehen. Heute wird er nur noch einfarbig, vorwiegend in Schwarz oder Weiß gezüchtet, wobei die schwarze Farbe häufiger anzutreffen ist.

Die ungarischen Pudel, von denen Döbel in seinem Buch »Jägerpraktica« (1754) schreibt, sollen ebenfalls vornehmlich schwarz gewesen sein.

Die Reinzucht

Zum Standard

Es erstaunt nicht, daß man in Deutschland, Ungarn und Frankreich gleichzeitig darauf hoffte, die Rechte als Ursprungsland dieser beliebten Hunderasse zu bekommen, denn in diesen drei Ländern, wie auch in Rußland und in Spanien, konnte man die Entwicklung des Pudels sehr weit zurückführen. Laut Ludwig Beckmann wurden die ersten Rassekennzeichen des Deutschen Pudels im Jahre 1880 in Berlin aufgestellt. Frankreich erhielt das Recht auf das Standardland erst, als Deutschland offiziell darauf verzichtet hatte.
Frankreich hat die Ehre der Anerkennung als Standardland für diesen beliebten Hund nicht nur dem Barbet, dem offiziellen Vorfahren des Pudels, sondern vor allem dem großen Engagement der damaligen Präsidentin des französischen Pudelclubs zu verdanken.
Der noch heute gültige Standard wurde von Mlle Jeancourt-Galignani zusammengestellt und 1936 von der FCI genehmigt. Die in der Zwischenzeit erfolgten Ergänzungen und Änderungen betreffen nur die Vorschriften über die Größeneinteilung, die Zulassung von neuen Farbschlägen und Schurvarianten. Die Beschreibung der Allgemeinerscheinung blieb unverändert:

»Der Pudel gehört zu den Nutz- und Begleithunden. Er ist von ausgeglichenem Typ mit charakteristisch frisiertem, gelocktem oder zu Schnüren gepflegtem Fell. Er ist intelligent, stets munter und lebhaft, harmonisch gebaut und macht einen eleganten, stolzen Eindruck. Der Pudel hat eine tänzelnde, leichte Gangart, die niemals fließend oder gestreckt sein darf. Er ist wegen seiner Treue geschätzt, lernfähig und lernfreudig, was ihn zu einem besonders angenehmen Begleithund macht.«

Einen großen Einfluß auf die Entwicklung unseres eleganten Pudels nahmen zu Beginn dieses Jahrhunderts vor allem wohlhabende englische Züchter, die ihre Liebhaberei mit viel Enthusiasmus betrieben. Sogar der legendäre »Footit«, der Mlle Jeancourt in den dreißiger Jahren zum unermüdlichen Züchten animierte und der die berühmte Madjigé-Linie gründete, stammte aus England. Sein ursprünglicher Name lautete auf »Nunsoe Dapper«. Er entstammte 1931 dem englischen Champion Springgan Bell und Cheveley Chepress. Mlle Jeancourt, die Besitzerin von »Footit« (Dapper) schreibt in ihrem Buch »LES CANICHES et leur élevage«: »1932 ist ein großes Jahr für den Pudel. »Footit« brachte meinem Leben eine Wende. Er verleitete mich zum unermüdlichen Züchten. Er verursachte mein Schwärmen für diese Hunderasse und er hielt meine immer wachsende Liebe zum Pudel ohne Unterbruch wach.«

Das Idealbild

Bei so viel Ehre für einen kleinen Engländer durch die Präsidentin des französischen Pudelclubs steht hier nun ebenfalls eine bekannte englische Pudelpersönlichkeit für die Standardbeschreibung Modell. Es ist eine stolze Großpudel-Hündin, die die Bezeichnung »Königspudel« verdient: **Multi-Champion Vicmars Royal Debutante,** geworfen am 26. Oktober 1974. Diese außergewöhnliche Hündin holte sich ihre Champion-Titel in England, Amerika und in Kanada. Väterlicherseits führt sie den berühmten Champion Bibelots Tall Dark and Handsome in ihrem Stammbaum. Sie vereinte die erwünschte Schönheit mit einer überaus robusten Gesundheit. Noch im Alter von 14 Jahren konnte diese Hündin an der Cruft's Dog Show unter großem Applaus den Preis für den besten Veteranen entgegennehmen. Die Besitzer von »Debutante« (John und the hon. Mrs. Anne Marshall aus Stratford on Avon), berichten noch heute gerne von Debutantes feurigem Temperament mit dem sie 16 Jahre lang durch Haus und Garten stürmte.
Die Schönheit des Pudels ist an keine bestimmte Größe gebunden. Auch die kleineren Größen sollten dem Idealbild möglichst nahe kommen. Höchstens in bezug auf die Vollzahnigkeit werden die Hüter des Standards toleranter. Beim Toypudel werden nun bis

Debutantes stolze Haltung und ihre reiche, volle Wolle kommt auf diesem Bild besonders gut zum Ausdruck. Die feine, gut gekräuselte Textur macht ihr Fell so elastisch, daß es dem Druck der Hand gut widerstehen kann. Ausgefönt läßt es sich in jede gewünschte Form schneiden.
Die Aufnahme von Debutante in der Ausstellungsfrisur stammt von Sally Anne Thompson.

zu vier Prämolarenfehler geduldet, sofern der Rest des Pudels den allgemeinen Anforderungen des Standards entspricht.
Im überarbeiteten FCI-Standard Nr. 172/F vom 12. Dezember 1991 werden folgende Fehler erwähnt:
Zur Zuchtuntauglichkeit und zur Disqualifikation an Ausstellungen führen fehlende Schneidezähne, fehlende Hoden, andersfarbige Flecken im Fell, Afterkrallen an den Hinterläufen, Stummelrute, Mißbildungen der Zahnstellung (ausgeprägter Rück- oder Vorbiß) oder eine Größe von über 62 cm.
Pudel mit gestörter Wesensveranlagung (Angstbeißer) oder mit völlig disharmonischem Körperbau (zum Beispiel ein überlanger Rücken) werden ebenfalls von der Zucht ausgeschloßen.
Als Fehler, die alleine nicht zum Ausschluß führen, gelten: ein schwerer, breiter Kopf, ein kurzer oder spitzer Fang, ein fehlender oder zu stark ausgeprägter Stirnabsatz, ein fehlender Hinterhauptstachel, große, runde, helle oder rötlich schimmernde Augen (auch sehr kleine Augen sind unerwünscht).
Ebenfalls in der Bewertung bestraft werden kurze, schmale oder zurückgelegt getragene Ohren. Auch ein fehlendes Kinn sowie eine unregelmäßige Zahn-

Debutantes Kopfstudie zeigt die dunklen, mandelförmigen Augen. Sie geben dem feinen, eleganten Kopf den würdevollen und feurigen Ausdruck. Die Ohren sind in der fortgesetzten unteren Linie des Augeneinsatzes korrekt angesetzt und das reich behaarte Ohrleder wird in guter Länge, eng anliegend getragen. Auch das erwünschte Kinn ist auf dieser Aufnahme gut ersichtlich. Was wir hier nicht sehen, ist das vollständige Scherengebiß und die gute Pigmentation der Lefzen, des Zahnfleisches und des Rachens. Ebenfalls nicht ersichtlich ist ihr gut ausgebildeter Hinterhauptstachel.
Foto: Sally Anne Thompson

Das Veteranen-Bild von Debutante zeigt den gewünschten harmonischen Körperbau, den idealen Stand mit den parallel gestellten Läufen, die gute Hinterhandwinkelung und die perfekt getragene Rute. Die gute Halslänge ermöglicht die stolze Kopfhaltung, und die Eleganz des Körpers wird durch den relativ kurzen und stabilen Rücken betont.
Der Brustumfang dieser Hündin beträgt mindestens 10 cm mehr als ihre Widerristhöhe, und sie besticht noch im hohen Alter durch ihre gute Bemuskelung, die ihrer leichten Gangart den nötigen Schub bringt. Die im Gras versteckten Pfoten sind klein und gut aufgeknöchelt (Katzenpfoten).
Der Kurzhaar-Schnitt läßt den Körperbau dieser vitalen Veteranin in idealer Weise zum Ausdruck bringen.
Foto: Diane Pearce

stellung werden als Fehler betrachtet. Ein fehlender P1 (kleinster Prämolar) wird zugelassen, ab drei fehlenden Prämolaren ist aber die höchste Bewertung »vorzüglich« nicht mehr möglich.
Unerwünscht ist ein heller oder gefleckter Nasenschwamm (beim schwarzen, weißen und silberfarbenen Pudel soll er schwarz sein, bei den apricotfarbenen wird auch ein dunkelbrauner zugelassen). Auch eine unterbrochene Pigmentation der Lefzen wird in der Bewertung beanstandet. Ein langer, instabiler oder überbauter Rücken, eine dünne, zu tief angesetzte oder über den Rücken gebogen getragene Rute, eine steile Hinterhand und ausdrehende Vorderläufe, lose Ellbogen oder Hochläufigkeit und flache Pfoten bewirken ebenfalls einen Abzug in der Bewertung. Auch ein schleichendes Gangwerk, eine allzu weiche Wolle oder eine uneinheitliche Farbe entsprechen nicht dem Standard.
Treffen verschiedene dieser erwähnten Fehler gleichzeitig auf, so kann das ebenfalls zur Zuchtuntauglichkeit führen.
Mlle M. Jeancourt-Galignani, die einflußreichste Förderin des kleinen Pudels der dreißiger Jahre, hielt ihre

Auch der Kopf der 28 cm kleinen Zwergpudel-Hündin »Dixie« entspricht den allgemeinen Standardvorschriften.

Laut Standard ist seit jeher auch eine unkupierte gut getragene Rute erlaubt, so wie das hier Nejika Spirit of the Wind zeigt.
Wären alle Pudelruten unkupiert, so müßte man sich an verschiedene Rutenhaltungen gewöhnen. Auch viele Ausstellungspudel würden ihren Stimmungsbarometer nicht mehr vorschriftsgemäß tragen. In der Schweiz steht die Einführung des Rutenkupierverbotes bevor; in den skandinavischen Ländern ist es bereits in Kraft.
Foto: Carol Ann Johnson

»Duc«, ein weltberühmter Schweizer mit deutscher Abstammung
Multi-Champion »Nunsoe Duc de la Terrace of Blackeen«, ist eine der bekanntesten Pudelpersönlichkeiten aus der Pudelgeschichte. Bereits sein langer Name läßt erkennen, daß er sein Zuhause mehrmals wechselte. 1928 wurde er als »Duc de la Terrace« in der Schweiz bei Emile Warney geworfen. Als Welpe ging er an Stelle einer Decktaxenentschädigung an Madame Lucienne Reichenbach, der Besitzerin seines deutschen Vaters, des int. Ch. »Prinz Alexander von Rodelheim«. So verbrachte »Duc« seine ersten vier Jahre in Gingins bei den international bekannten »Labory«-Pudeln. Er wurde von Mme L. Reichenbach bald erfolgreich ausgestellt. Nachdem er sich hier die wichtigsten Schönheits-Titel geholt hatte, verkaufte sie ihn 1932 an Miss Jane Lane (Nunsoe) in England, wo er - trotz seiner ungewohnten Größe - ebenso erfolgreich ausgestellt wurde. Später kam »Duc« als wertvolles Geschenk nach Amerika zu Mrs. Sherman Hoyt, der damaligen Präsidentin des amerikanischen Pudelclubs, wo er seine dritte Karriere erlebte. Dort wurde er nochmals 18 Mal ausgestellt, und er holte sich jedes Mal das BOB. Neun Mal wurde er mit der begehrten Auszeichnung »Best in Show« geehrt, darunter auch an der bekannten Westminster Show 1935. Er war der erste Pudel, dem es gelang, diese große Ausstellung mit dieser Ehre zu verlassen.
»Duc« wurde überall als bestechende Schönheit beschrieben. Er brachte rund 30 kg auf die Waage und hatte eine stattliche Größe von 66 cm. Seine Haut war silberfarben und sein Wesen war überaus stolz und selbstsicher. Ob auf belebten Straßen oder im Ausstellungsring, er bewegte sich immer mit großer Würde. Als Andenken an »Duc« blieben Mrs. Hoyt sowohl seine Schönheit als auch seine freundliche und vornehme Art, in einer einzigartigen Pudelpersönlichkeit vereint, in Erinnerung. Im Alter von 12 Jahren starb der große Champion, der sich höchste Auszeichnungen in der Schweiz, in Frankreich, in England und in Amerika holte.
Als erfolgreicher Vater hinterließ »Duc« Mrs. Sherman Hoyt das berühmte Wufgeschwisterpaar Ch. Blakeen Eiger und Ch. Blakeen Jungfrau, das der Züchterin nochmals viel Ehre brachte.

Standardbestimmungen fest in ihren Händen. So wollte sie den Mittelpudel als wegweisendes Vorbild für den Standard sehen, und es erschien ihr richtig, die obere Grenze der Großpudel neu bei 55 cm festzusetzen. Rückblickend kann man diese Maßnahme eindeutig als Fehler bezeichnen, denn sie hatte das allmähliche Verschwinden des majestätischen Königspudels zur Folge.
Dank dem Einsatz vieler Großpudelzüchter wurde inzwischen erreicht, daß diese Grenze nun wieder bei 60 cm mit einer Toleranz von 2 cm nach oben festgelegt worden ist. Dieser Erfolg ist der Europäischen Aktionsgemeinschaft für den Großpudel zu verdanken, die von Robert A. Hüssy aus Magglingen (CH) präsidiert wird. Das Ziel dieser Vereinigung ist die Abschaffung der oberen Grenze der Großpudel, so wie man es in England oder den USA kennt, denn um einen Hund bei einer Größe von rund 60 cm erfolgreich fixieren zu können, braucht es auch einen gewissen Spielraum nach oben.
Mit solchen Forderungen wurde Mlle Jeancourt schon in den dreißiger Jahren konfrontiert, zum Beispiel durch Lucienne Reichenbach, der bekannten Schweizer Züchterin. Solche Interventionen blieben damals noch ohne Erfolg.

So war der legendäre weiße Rüde »Duc de la Terrace« mit seinen 66 cm Schulterhöhe einer, der unter der Herrschaft von Mlle Jeancourt zu leiden hatte, denn er lebte zu einer Zeit, als man unter dem Diktat der französischen Präsidentin für solch majestätische Größen absolut kein Verständnis aufbringen konnte. Duc wurde 1928 geworfen und sein Ruhm als erfolgreichster Schweizer Pudel (mit deutscher Abstammung) konnte ihm bis heute noch kein anderer streitig machen. Seiner Besitzerin Lucienne Reichenbach (Labory-Zucht) gelang es noch vor der offiziellen Festlegung der unsinnig niederen Größenvorschift für die Großpudel, mit Duc den Titel »Champion de France« zu holen. Anschließend verkaufte sie diesen Rüden nach England, wo seine imposante Erscheinung großes Aufsehen erregte. Seine letzte Besitzerin war die damalige Präsidentin des amerikanischen Pudelclubs, und 1935 gelang es Duc, die bekannte Westminster-Show mit dem Best-in-Show-Titel zu verlassen. Er war der erste Pudel, dem diese Ehre zugesprochen wurde. Später schafften es auch verschiedene seiner Nachfahren, zu dieser großen Auszeichnung zu kommen. Duc beteiligte sich in Amerika am Wiederaufbau der ursprünglichen Größe der Großpudel. So haben wir den heutigen Aufschwung des Königspudels vor allem den Importen aus den USA und aus Kanada zu verdanken. Alle Besitzer der weißen Großpudel sind stolz, wenn sie den Stammbaum ihres Pudels auf den berühmten Duc zurückführen können, der uns an die hohe Qualität dieser Größen-Variante zu Beginn dieses Jahrhunderts erinnert.

Der Pudel schafft den Durchbruch

Dem Schweizerischen Hundestammbuch läßt sich entnehmen, daß in den Jahren zwischen 1901 bis 1914 durchschnittlich fünf Pudel eingetragen wurden. In der Zeitspanne zwischen 1915 bis 1938 lag der jährliche Durchschnitt bereits bei siebzehn. Unter der Bezeichnung »Pudel« verstand man damals den Großpudel. Nennenswerte Eintragungen von Kleinpudeln waren erst ab 1933 zu verzeichnen. In der Folge nahmen die Einträge der kleineren Pudel-Variante enorm zu, bis sie in den sechziger Jahren mit über 120 Wurfmeldungen pro Jahr ihren Höhepunkt erreicht hatten. Das war die Zeit des großen Pudel-Booms. In den Jahren zwischen 1962 und 1972 stand der Pudel nicht nur in der Schweiz mit großem Abstand an der Spitze aller Rassehunde. Dieser Aufschwung läßt sich vor allem auf den großen Einsatz der Pudelfreunde aus Deutschland zurückführen, der dem Kampf für die neue Frisur galt. Mit dem Durchbruch des pflegeleichten Karakul-Schnittes gelang es endlich, die altbekannte Clown-Figur in einen allgemein gefälligen Hund zu verwandeln.
In den vergangenen zehn Jahren hat sich die Gesamtzahl der in der Schweiz gezüchteten Pudel stabilisiert. Die Beliebtheit der Größen hat sich aber geändert. Während heute die Groß- und die Toypudel im Vormarsch sind, wird beim ehemals sehr beliebten Mittelpudel ein starker Rückgang registriert.

Die anerkannten Farben

Viele Abbildungen zeigen die alten Vorfahren des Pudels in einem gefleckten Fell, wie wir das beim Spanischen Wasserhund und beim Lagotto kennen. Erst durch das systematische Züchten der einfarbigen Pu-

Hier sehen wir drei stattliche Vertreter der weißen Pudelfarbe. Es sind »Ophira le Papillon«, »Pruzze von Masuren« und »Cress vom Fördeland«. Foto: DPK-Archiv

del wurde ihre urtümliche Veranlagung unterdrückt, aber vermutlich nie ganz ausgemerzt.

Am auffallendsten unter den Pudeln präsentiert sich die **weiße** Farbe. Vielleicht ist es sogar die älteste bewußt gezüchtete Pudelfarbe.

In der neueren systematischen Pudelzucht gibt es zwei verschiedene weiße Linien, die Schneeweißen und die Weißen, die aus Crèmefarbigen kommen, die im Erwachsenenalter zu Weißen aufhellen. Während die schneeweißen Pudel in totaler Absenz der Farbe zum Haartyp des schwarzen Pudels gezählt werden können, sind die weißen aus den crèmefarbenen der weitest entfernten Verdünnung eines Brauntones zuzuordnen. Diese Differenzierung läßt sich am besten an der Pigmentierung erkennen. Die Nasenspitze des Reinweißen wird immer schwarz sein, die Pigmentierung des anderen Farbschlages ist oft etwas weniger stark ausgeprägt.

Die einzige dominante Pudelfarbe ist **schwarz.** Das Einmischen von anderen Farben bringt auf den ersten Blick weiterhin schwarze Pudel, doch eine spätere Reinerbigkeit wäre damit nicht mehr gesichert. Leider ist die Zuchtbasis der absolut reinen schwarzen Linien nicht mehr so breit, denn in England und in den USA gab es Zeiten, in denen man es in der Reinfarbenzucht nicht so genau nahm. Heute weiß man

»Anthony der schwarze Joker« zeigt sich in tiefschwarzer Farbe. Züchterin und Besitzerin dieses Rüden ist Sigrid Kalina. Foto: F. Gorski

Diesen Vertreter der silbergrauen Farbe hat F. Gorski fotografiert.

aber auch in den Vereinigten Staaten die reinerbigen Linien sehr zu schätzen und so empfiehlt der bekannte Züchter Mackey J. Irick für schwarze Hündinnen einen älteren Rüden zur Paarung auszusuchen, der noch tief schwarz ist. Entschließt man sich für einen jungen Rüden, so weiß man nicht, ob dieser vielleicht schon im Alter von vier Jahren stark ergraut sein wird.
Wird aber die Zuchtbasis dieser beliebten Reinfarbigen zu eng, dann könnte man sich fragen, ob der Farbe wirklich soviel Bedeutung beigemessen werden soll. Ein tiefschwarzer Pudel, der seine schöne Farbe bis ins hohe Alter behalten kann, ist für den Züchter sicher ein erstrebenswertes Ziel, aber eine solche Auslese sollte nie auf Kosten der Gesundheit gehen.

Damit aus einer schwarzen Paarung ein **brauner** Welpe fallen kann, braucht es die Veranlagung zu Braun von beiden Elternteilen, denn Braun ist eine rezessive Farbe. Somit bringt nur die Paarung Braun x Braun mit Sicherheit einen braunen Wurf. Bei den braunen wie bei den apricotfarbenen Pudeln versucht man in der richtigen Zuchtauswahl einer allzufrühen Farbverblassung entgegenzuwirken. Braune Pudel werden relativ wenig gezüchtet.

Seit 1966 ist von der FCI auch die **silbergraue** Farbe zugelassen. In England kennt man diese Farbe aber schon aus den Anfängen der registrierten Pudelzucht. Paart man reinerbige Silberpudel miteinander, so werden sie ihre Farbe an ihre Nachkommen immer

Diese vier Großpudel in der seltenen braunen Farbe kommen aus der Zucht »vom großen Wannsee« von Edelgard Mechsner aus Berlin. Es sind von links nach rechts: Afra, Henry, Cobold und Gaby.

weitergeben. Werden aber zwei nicht reinerbige Silberpudel miteinander gepaart, so könnten je nach Zusammentreffen der Gene auch weiße oder crèmefarbige fallen. Die silberfarbenen Pudel sind nach wie vor beliebt.

Die Silberpudel werden schwarz geboren. Aber schon nach ein paar Wochen zeigen sich im Gesicht die schnell nachwachsenden Silberhaare, die diesen Welpen ein besonders drolliges Aussehen verleihen. Im Verlaufe der nächsten sechs Monate ist ein Silberpudel »durchgesilbert«, aber bis seine Farbe einigermaßen gleichmäßig ist, dauert es oft zwei bis drei Jahre. Dafür hat er im Alter das Glück, daß er nicht ergrauen oder verblassen wird, wie das bei den andern Farben (außer weiß) passieren kann.

Viel zu schaffen machte dem Standardland Frankreich die Anerkennung der **Apricot-Farbe.** Obwohl man sie in England durch den registrierten Pudel »Whippendell Abricotinette« bereits seit 1912 kannte, dauerte es noch 65 Jahre, bis man auch aus Frankreich zu dieser Farbe die offizielle Zusage bekam. Eine besonders erfolgreiche Apricot-Toy-Hündin war Ch. Oakington Puckshill Ambersunblush (genannt »Sunshine«), der es an den Cruft's 1966 gelang, sich die seltene Ehre des »Best-in-Show«-Titels zu holen. In Frankreich war man aber erst 1977 bereit, diese »neue« Farbe in den Standard aufzunehmen. Heute hat diese Farbe einen weiten Kreis von Liebhabern gefunden. Der Weltsieger-Titel von Bern 1994 ging zum Beispiel an einen apricotfarbenen Mittelpudel aus Moskau, dessen Vorfahren über Finnland zurück nach Deutschland führen.

Diese apricotfarbene Mittel- oder Kleinpudelhündin »Honeymoon aus dem Schneckenhaus« wurde von Gisela Mücke gezüchtet und sie steht im Besitze von Familie Seiferheldt in Iserlohn. Foto: Rolf Hinz

Der Kampf um die »Roten«

Wer das Problem der Apricotfarbe kennt (im Alter neigt sie leider oft zur Verblassung) versteht die Bemühungen vieler Züchter. Es wurden möglichst immer dunklere Apricotpudel miteinander gepaart, um diesem Übel entgegenzuwirken. Wegweisend ging man in den USA voran. Das Resultat war ein Junghund von einer rostroten Farbe, der wie die Silberpudel erst im Alter von ungefähr drei Jahren seine schöne definitive Farbe zeigt: Es soll ein leuchtendes Orange sein. Vermutlich war es ein Fehler, diese dunkeln Apricots als **»Rot«** (red) zu bezeichnen, denn im Grunde genommen ist es keine neue Farbe, sondern nur eine Verstärkung der alten. Als erfolgreichen Toy dieses Farbschlages kennen wir den amerikanischen Ch. Jodan's Red Pepper. Er war nicht nur als Best-in-Show-Sieger bekannt, sondern er bewährte sich auch als guter Vererber.

In Frankreich hält man immer noch daran fest, daß diese Farbe im Standard keine Anerkennung findet. In Deutschland hat man sich entschlossen, diese sogenannten **»Roten«** in ein Anhangregister einzutragen. Das ist zwar noch keine befriedigende Lösung, denn oft wird im Welpenalter einer als »rot« bezeichnet, der

Der Einfluß des »roten« Rüden Ch. »Solnes Burnt Fire« zeigt sich auch an diesem sechs Monate alten Pudel-Jüngling von Christa Peyer aus Rheinfelden (CH). Seine rote Farbe wird sich, wie die seines Großvaters Ch. »Eugenios Per Solnes Everywhere«, im Alter von zwei bis drei Jahren zu einem kräftigen Apricot wandeln.

»Ulinka v.d. Gartenlaube« von Edeltraud Djahedi in München zeigt die erwünschte Fleckenbildung:
Weiß ist vorherrschend und von der Farbe Schwarz scharf abgegrenzt. Der Kopf ist schwarz, wobei eine feine weiße Linie von der Nasenwurzel bis zum ersten Halswirbel oder ein weißer Tupfer in der Krone zulässig ist. Gleiches gilt für einen weißen Bart. Die ideale Zeichnung am Körper zeigt zwei oder drei schwarze Platten. Zwei sind entweder nebeneinander vom Widerrist über die Schultern oder von der Nierenpartie bis zur Hinterhand verteilt. Drei Platten sind mehr oder weniger gleichmäßig vom Halsansatz über den Rücken bis zur Rute verteilt. Ein durchgehend schwarzer Rücken beeinträchtigt das Idealbild der Plattenzeichnung, ist aber zulässig.
Farbverhältnis: Vorzugsweise 60 % weiß, 40 % schwarz.

nicht mit den Apricots gepaart werden darf, und zwei Jahre später entpuppt er sich als hübscher Apricotpudel. In einem Wurf können gleichzeitig hellere und dunklere auftauchen, so wie das auch bei den braunen und den silberfarbenen Pudel passieren kann. Die großzügige Haltung dieser Farbe gegenüber brachte dem Apricotpudel in den skandinavischen Ländern einen erfreulichen Aufschwung.

Die gefleckten Pudel

Eigentlich sollte es nur eine Frage der Zeit sein, bis diese gefleckten Pudel-Varianten, die in Deutschland schon einen beachtlichen Liebhaberkreis gefunden haben, auch offiziell als Pudel anerkannt werden. Sie widersprechen jedoch der Standardvorschrift, daß der Pudel einfarbig gezüchtet werden soll. Die Vorschrift der einfarbigen Pudelzucht wurde schon 1880 in Berlin aufgestellt. Will Frankreich weiterhin an dieser Bestimmung festhalten, dann wird es mit der Anerkennung dieser Pudel nur harzend vorangehen. Das Festhalten an einer alten Bestimmung kann man dem Standardland vielleicht nicht übelnehmen, aber die Begründung, diese Farbvarianten seien nur durch Einkreuzen anderer Rassen entstanden, überzeugt viele Fachleute nicht. So bestätigt Hans Räber, daß es durchaus möglich ist, daß die ursprüngliche Fleckenbildung, die wir von den alten Wasserhunden und vom sogenannten Urpudel her kennen, ohne Fremdeinkreuzung als Mutation wieder auftauchen kann. Genau diese Erfahrung machte zum Beispiel Liselotte Eckstein (Ehrenpräsidentin des ADP). 1959 paarte sie zwei schwarze Pudel mit interessanter Champion-Abstammung aus bestbekannten Linien (Der Vater des Rüden war der hochprämierte Croquis de Madjigé von Mlle Jeancourt). Die Folge war: zwei Pudel in »Black-and-Tan« (Schwarz/Lohfarben) und ein gestromter. Eine Wiederholungspaarung brachte dann aber einen Wurf mit vier schwarzen Welpen. Diese Erfahrung bestätigt die Vermutung, daß Black-and-Tans und Harlekins als Mutation plötzlich in Erscheinung treten können. In der Weiterzucht verhalten sie sich rezessiv. Das heißt, man muß Gefleckte mit Gefleckten paaren, um einen Wurf mit Harlekins zu erhalten. In entsprechender Weise werden auch

Hier sehen wir den drei Wochen alten Harlekin »Bobby vom Hammer-Silberberg«. Er wurde von K. und D. Lesinski gezüchtet. Er genießt hier noch die Geborgenheit, die ihm seine Mutter und sein Züchter bieten. Den Züchtern dieser Pudel bleibt nun die Hoffnung, daß man in Frankreich zu diesem Thema noch nicht das letzte Wort gesprochen hat.

Bei uns ein seltenes Bild: Großpudel-Harlekins. Sie wurden von Sally Anne Thompson fotografiert.
Da geht vermutlich die Rechnung der Kritiker, die behaupten, bei der Schaffung dieser Farb-Variante habe ein Fox-Terrier oder ein gefleckter Spaniel mitgewirkt und sie könne demzufolge nicht als Pudel anerkannt werden, nicht mehr auf.

Für die Farbe Black-and-Tan steht hier »Irena v.d. Sudenthronen«, (gezüchtet von Christa Eggerking) im Besitze von K. und D. Lesinski in Hamm, Modell:
Schwarz ist vorherrschend und wird von Tan (Lohfarben) in symmetrischer Zeichnung leicht fließend unterbrochen und zwar vorzugsweise in den Augenbrauen, im Saum des Behangs, im Bart und an den Wangen, im beidseitigen Brustspiegel, an allen vier Läufen und am After. Ein schwarzer Streifen an den Rückseiten oder schwarze Außenseiten der Beine sind zulässig, jedoch nicht zu fördern. Farbverhältnis: vorzugsweise 80 % schwarz, 20 % tan.

die Black-and-Tans gezüchtet. Durch die Tatsache, daß in Deutschland diese Pudel schon viele Liebhaber gefunden haben, drängt sich ein Kampf um deren Anerkennung auf, denn es wäre schade, wenn die Verbreitung dieser Pudel unseriösen Händlern überlassen werden müßte. Sogar der DPK bietet jetzt Hand zum Eintrag ins Sonder-Register. Auch gibt es bereits die Möglichkeit, an nationalen Ausstellungen teilzunehmen.
Der erste Standard zu diesen beiden Farbvarianten wurde von Liselotte Eckstein aufgestellt, und im Frühjahr 1988 wurden diese beiden Farbschläge anläßlich einer Tagung der Wissenschaftlichen Kommission der FCI vorgestellt. Liselotte Eckstein gelang es, die verlangten je zehn Generationen der durchgezüchteten Linien nachzuweisen. Auf diesem ersten Standard aus dem Jahre 1980 basieren die heutigen Beurteilungsgrundlagen.

Auf den Spuren eines Winzlings

Seit dem 1. Januar 1987 werden die Toypudel auch von der FCI anerkannt. Es mußte aber eine Konzession eingegangen werden: Zur Förderung der Qualität wurde beschlossen, daß auf Ausstellungen für alle Farben zusammen nur ein CACIB vergeben wird. Bei den andern Größen gibt es je eine Anwartschaft für den internationalen Schönheitstitel für die alten Farben (Braun, Weiß und Schwarz) und eine zweite für die Neufarben Silber und Apricot.
Schade ist, daß nicht gleichzeitig auf die englischen Maße umgestellt wurde. Vier verschiedene Größen ohne deutliche Zwischenräume werden zu einem züchterischen Problem.

Eigentlich waren auch für uns die Toys nicht neu. Wir hatten sie erst in den sechziger Jahren mit der Einführung der unteren Zwergengrenze vertrieben. So gab es zum Beispiel den 24 cm kleinen schwarzen Sieger »Spatz Sirius«, der am 1. August 1925 von Flora Kalender gezüchtet wurde. Dieser kleine Rüde läßt sich in seinem Stammbaum nach drei Generationen zweimal auf den Champion »Lausbub Perkeo« zurückführen, der 1912 bei Rudolf Bischoff in München geworfen wurde. »Lausbubs« Mutter ging aus einem aus Frankreich importierten Geschwisterpaar hervor.

Die Toys kommen ...
Die kleinsten Pudel, die sogenannten »Toys« sind natürlich froh, wenn man es mit dieser Bezeichnung nicht ernst nimmt, denn ein Spielzeug sind sie sicher nicht. Auch diese Winzlinge unter den Pudeln schätzen es, wenn sie ein hundegerechtes Leben führen dürfen. Trotz ihrem Taschenformat sind sie bei richtiger Haltung robust und gute Läufer.
Foto: F. Gorski

In Amerika lassen sich die Toys ebenfalls in diese Zeit zurückführen. Schon 1912 wurden sie dort separat registriert. Die meisten waren weiß, was auf einen Bezug zum Malteser oder den Havaneser hinweisen könnte. Gemäß Mackey J.Irick jun. (The New Poodle, 1986) verliefen Paarungen dieser weißen Toys mit weißen Miniatures problemlos. Da man aber unter den Toys auch die andern Pudelfarben haben wollte, wurden diese weißen Toys auch mit andersfarbigen Miniatures gepaart. Vorerst war nichts Außergewöhnliches feststellbar, weil sich die weiße Farbe der Toys gegenüber den kräftigeren Farben nicht durchsetzen konnte. Die Enttäuschung kam erst in der zweiten und dritten Generation: Es tauchten gefleckte Pudel auf.

In England war es Lady Stanier, die sich intensiv dieser Pudelgröße widmete. Der englische Toypudel-Club wurde 1957 gegründet. 1966 gab es bereits einen großen Erfolg für die Toys. Die apricotfarbene Hündin Ch. Oakington Puckshill Amber Sunblush (genannt »Sunshine«) wurde durch ihre Besitzerin Clare Coxall zum Best-in-Show-Titel an der Cruft's geführt, und 1982 war es nochmals einem solchen Winzling gelungen, zu dieser großen Ehre zu kommen: Ch. Grayco Hazlenut. Diese kleine braune Toyhündin erfreute ihre Züchterin über 16 Jahre lang mit ihrem charmanten Temperament.

Das ist ein Toy des alten Typs: seine Augen sind etwas zu rund und zu groß, und sein Fang ist relativ kurz. Doch sein Ausdruck ist sehr selbstbewußt.
Foto: Sally Anne Thompson

Auch die kleinsten Pudel sind noch groß genug, um das Kommando »Sitz« und »Bleib« zu lernen. Diese brave Toypudelgruppe kommt aus der Bordenberg-Zucht von Andrea Freitag. Von links nach rechts sehen wir: Aspen Amelia, Rockefeller von Bordenberg, Sissy von Bordenberg, Bienchen von Bordenberg, Aspen Black Birdie, Aspen Anchovy, Aspen Am Sydney und Yo-Yo von Bordenberg.

Stolz zeigt sich auch die »rote« Champion-Hündin Eugenios Ruby Tuesday aus Norwegen. Sie entstammt dem berühmten Toy »Solnes Just like an Orange«. Aus dem gleichen Wurf gingen noch zwei weitere Champions hervor: »Eugenios per Sol-Nes Everywhere« und »Red Alert«.
Foto: Per Unden

Die vier FCI-Standard-Größen im Vergleich mit England

Bei Pudeln können Sie nicht nur unter verschiedenen Farben den aussuchen, der Sie am meisten anspricht, es stehen Ihnen auch vier verschiedene Größen zur Auswahl.

Großpudel:	über 45 bis 60 cm mit 2 cm Toleranz nach oben
Mittel- oder Kleinpudel:	über 35 bis 45 cm
Zwergpudel:	über 28 bis 35 cm
Toypudel:	unter 28 cm

Wenn man vor hundert Jahren in Deutschland vom Pudel sprach, dann meinte man den **Großpudel.** Im Volksmund nannte man ihn auch Königspudel. Für ihn wurde 1880 der erste deutsche Standard aufgestellt. Daran erinnert noch immer die englische Bezeichnung »Standard Poodle« für diese Größe.
Die größten Großpudel sollen schon vor der Jahrhundertwende in Rußland gezüchtet worden sein.
Vor rund 40 Jahren wurde im Gegensatz zu heute mit viel kleineren Großpudeln gezüchtet. Auch die neun Würfe, die 1963 ins Schweizerische Hundestammbuch (SHSB) eingetragen wurden, stammten praktisch alle aus übergroßen Mittelpudeln. Darum erreichte er nur eine durchschnittliche Größe von 48 cm. So wurde er für eine gewisse Zeit zum Ausschuß der Mittelpudel degradiert. Seine obere Grenze war damals im Standard bei nur 55 cm angesetzt. Einen solchen Hund kann man nicht als groß bezeichnen. Das Interesse an dieser Größe war denn auch dementsprechend klein. Und an den Hundeausstellungen war der sogenannte Großpudel kaum mehr anzutreffen.
Diese Situation war unbefriedigend und die Großpudelzüchter setzten sich zur Wehr - mit dem Erfolg, daß heute von der FCI immerhin eine stattliche obere Größe von 62 cm toleriert wird. Man könnte sich zwar weiterhin darüber streiten, ob es nicht sinnvoll wäre, die Grenze nach oben ganz wegzulassen, wie das in England und in den USA der Fall ist.

Die statistischen Zahlen der Weltausstellung Bern aus dem Jahre 1994 zeigen beim Großpudel eine Durchschnittsgröße von 58 cm und eine bei uns noch nie erreichte Meldezahl von rund 150 Vertretern dieser stattlichen Größe, die nun ihrem vornehmen Beinamen »Königspudel« wieder Ehre machen.
In den letzten Jahren wurden also unsere Großpudel zu einer völlig eigenständigen Größe herangezüchtet, die nachweislich nichts mehr mit den Mittelpudeln zu tun hat, denn aus 58 bis 62 cm großen Eltern fallen keine Nachkommen in einer Größe von unter 45 cm.

In umgekehrter Richtung läuft die Entwicklung beim **Mittel- oder Kleinpudel.** Während 1963 im SHSB noch über 120 Würfe eingetragen wurden, waren es 1993 nur noch deren elf. Auch die Größe dieser Pudel, die früher noch bei über 40 cm Schulterhöhe lag, sinkt stetig. Dazu gibt es zwei Erklärungen: Erstens das Wegfallen der Untergrößen der Großpudel und zweitens die andere Größeneinteilung der englischen und der amerikanischen Miniatures, die nicht unserem Mittelpudel entsprechen, weil ihre obere Grenze schon bei 38 cm festgelegt wird. Bei unserem Mittelpudel liegt die Grenze dieser Größe immerhin um 7 cm höher.

Unser **Zwergpudel** konnte seine Beliebtheit über Jahrzehnte konstant erhalten. Als »Puffer-Größe« wird er aber von oben durch kleine Miniatures und von unten durch große Toys beeinflußt.

Nur bei den **Toys** haben wir die gleichen Größenvorschriften wie in England. Sie sind bei uns ab 1. Januar 1987 als vierte Größe wieder zugelassen. Man könnte sich fragen, warum wir neben dem Zwergpudel noch eine separate, kleinere Größe brauchen. Aber neu Eingeführtes läßt sich nicht so leicht wieder abschaffen. Rückblickend kann man sagen, daß das nachträgliche Festlegen der unteren Zwergengrenze bei 28 cm ein Fehler war. Ursprünglich war diese Grenze nach unten offen. Hätte man diese Regelung beibehalten, so hätte sich der Toypudel in die Maße unseres Zwergpudels integrieren lassen.

Der Erfolg des heutigen Großpudels zeigt, wie wichtig es ist, zwischen den einzelnen Größen genügend große Zwischenräume leer zu halten, um eine von den andern Größen unabhängige Größenvariante heranzüchten zu können. In England und in den USA kommen die Größenunterschiede viel besser zum Ausdruck. Das illustrieren auch die Bilder, die die beiden Größenspektren zeigen.

Warum haben wir zu große Zwerge und zu kleine Mittelpudel ?

Nicht nur die zusätzliche vierte Größe bringt uns Probleme, sondern auch die Tatsache, daß wir alle unsere Linien mit den englischen und den amerikanischen mischen. So gibt es bei uns nicht nur Zwergpudel mit

Dieses friedliche schwarze Pudel-Quartett wurde bei Yvonne Voegelin (KERBEROS) aufgenommen. Es zeigt die vier FCI-Größen, und es ist kein Zufall, daß sie alle zu englischen Blut-Linien führen. Der große »Tommy« (int. Ch. Tiopepi Tommer Hawk) ist ein Enkel des Cruft's Best-in-Show-Winners »Tommy-Gun«. Neben ihm sitzt »Minaret's Mozart«, ein Sohn des bekannten Miniatures Champion Renwin Rappelle. Ihm folgt der Zwerg Parkway The Playboy (aus Toyabstammung), und ganz rechts sitzt die kleine Kerberos-Toyhündin, die sich über Snowstar Clarence und Tuttlebees Royal Squire ebenfalls auf englische Linien zurückführen läßt.

Die Differenz der einzelnen Größen wird eindrücklicher, wenn man die verschiedenen Gewichte miteinander vergleicht. Der Große wiegt bei seinen 59 cm 20 kg, der Mittlere mit seinen 39 cm 7,5 kg. Der Zwerg mißt 31 cm und bringt 4,5 kg auf die Waage und die kleine Toy-Hündin wiegt nur rund 3 kg.

Miniature- oder Toy-Blut, sondern es gibt aus den beiden auch Über- und Untergrößen, die unter Umständen das Toy-Blut bis hinauf zu den Mittelpudeln bringen können oder umgekehrt durch kleine Zwerge Miniature-Linien zu den Toys, was dort zwar Qualitätsverbesserungen bringen kann, gleichzeitig aber auch ein Größen-Chaos fördert.

Der Käufer wird sich jedenfalls wundern, wenn er sieht, daß ein Züchter im gleichen Wurf gleich drei verschiedene Größen anbieten kann ...

Wichtiger als die meßbare Größe der Zuchttiere und die genaue Einhaltung unserer Größengrenzen sind deshalb genaue Kenntnisse über die Herkunft der Zuchtlinien. Es spielt in der Zuchtauswahl eine bedeutende Rolle, ob ein 32 cm großer Zwerg von Miniatures oder Toypudeln abstammt.

Dem Größen-Chaos kann man damit begegnen, indem man sagt, ein schöner Pudel sei nicht an eine bestimmte Größe gebunden. Eine weitere Möglichkeit wäre, die FCI-Größen den englischen Größen anzupassen.

Im Vergleich zu unseren vier Größen sehen wir hier die englische Größeneinteilung. Die englischen Maße sind folgendermaßen festgelegt: Toys unter 28 cm. Dann folgen die Miniatures mit einer oberen Grenze von 38 cm. Alles was darüber ist, zählt zum sogenannten Standard-Poodle, wobei die erwünschte Größe der englischen Großpudel - wie bei uns - ungefähr bei 60 cm liegt. Eine obere Grenze des Großpudels ist weder in England noch in den USA festgelegt. Für die amerikanischen Toys gilt eine obere Grenze von 25 cm. Die englische und amerikanische Regelung hat den Vorteil, daß in der Praxis zwischen den Größen genügend Raum freibleibt, um diese in sich zu festigen. Die Vermischung zwischen Toys und Miniatures, die früher noch zur Verbesserung der Qualität der Toys nötig war, ist in England schon lange nicht mehr erlaubt. Inzwischen scheint die Zuchtbasis auch für die Toys groß genug zu sein.
Diese drei Ivanola-Apricot-Pudel wurden von Mrs. F. M. Brasher (GB) gezüchtet und von David Dalton fotografiert.

Dieser Korb voller Masuren-Großpudel-Welpen mit der Mutter Jungfer Julchen von Masuren wurde von der Züchterin, Susanne Leschinksy aus Schleswig, fotografiert.

Welche Größe paßt zu wem?

Alle Pudel, ohne Rücksicht auf ihre Größe, lieben viel Bewegung. Wenn Sie sportlich sind, über genügend Platz und Zeit verfügen und gleichzeitig gerne mit einem lernwilligen Hund arbeiten, dann könnte ein Königspudel der Richtige sein. Beispiele zeigen, daß er zu vielem fähig ist. Es gibt **Großpudel,** die als Blindenführhunde, als Jagdhunde oder sogar als Rettungshunde ausgebildet wurden. Was jeden Pudel, unabhängig von seiner Größe, stört, ist das Anschlagen eines militärischen Tons bei der Ausbildung.

Im Gegensatz zu andern großen Hunden kann der Großpudel ein relativ hohes Alter erreichen, denn sein Körperbau ist viel leichter als man es vermutet. Mit seinen 60 cm Schulterhöhe bringt er nur ca. 20 bis 25 kg auf die Waage. Die erfolgreiche englische Hündin »Vicmars Royal Debutante« erreichte immerhin ein Alter von rund 16 Jahren.

Ch. Stanlyn Cleopatra mit ihrem Miradel Welpen von Patricia Rose aus London hat bereits eine erfolgreiche Ausstellungskarriere hinter sich. Hier genießt sie ihre Mutterfreuden. Als englischer Miniature wäre sie bei uns eine kleine Mittelpudel-Hündin. Foto: Sally Anne Thompson

Der Mittel- oder Kleinpudel hat den Vorteil, daß er etwas weniger Platz braucht, doch auch mit ihm läßt sich gut arbeiten. Er ist im allgemeinen ein angenehmer, ruhiger Hund. Bei richtiger Führung wird ihm die Begleithundeprüfung keine Mühe bereiten. Auch als Schutzhund würde er sich ausbilden lassen. Je nach Größe kann er an Standard- oder an Mini-Agility-Wettbewerben teilnehmen. Er ist auch sehr robust. Sein Gewicht wird zwischen 7 und 10 kg schwanken. Mittelpudel, die ein Alter von über 16 Jahren erreichen, sind keine Seltenheit.

An Pudelrennen war der Zwergpudel »Filou« immer einer der schnellsten. Hier zeigt er sich mit seinem Sohn »Rocky«. »Filou« erreichte bei bester Gesundheit ein hohes Alter von über 18 Jahren. Er war im Besitz der Autorin.

Der Zwergpudel ist lebhafter als der Mittelpudel. Sein Durchschnittsgewicht beträgt ca. 5 kg. Auch er ist wie alle andern gern überall mit dabei. Beim Rennen und Springen ist er der große Favorit. Der Schweizermeister 1994 im Mini-Agility war übrigens ein Pudel aus Zwergen-Abstammung. Ein gesunder ausgewachsener Zwerg eignet sich auch vorzüglich als ausdauernder Wanderbegleiter.

Der winzige **Toy** findet überall Platz. Zum Reisen im Zug und im Flugzeug läßt er sich leicht in eine Tasche stecken. Sein Gewicht wird zwischen zwei und vier Kilogramm liegen. Auch er ist ein ausgesprochen aufgeweckter und selbstbewußter Hund, der gerne ernst genommen wird. Er ist noch lebhafter als der Zwergpudel, was beim Kauf berücksichtigt werden sollte. Ein gesunder Toy kann auch ein langlebiger Hund sein. So erreichte zum Beispiel die braune Hazlenut (Cruft's-BIS-Siegerin) ein schönes Alter von 16 Jahren.

Diese drei munteren Welpen kommen aus dem Dorian Gray-Kennel. Es sind zwei Silber-Toy-Pudel und ein Pomeranian. Ihr Züchter ist Georg Walther aus Offenbach. Foto: Rosita

Von der Verantwortung des Züchters

Soll man mit einer privat gehaltenen Hündin einen Wurf aufziehen?

Wenn Sie glauben, Ihre Hündin mit dem Aufziehen eines Wurfes vor einer späteren Gebärmuttervereiterung schützen zu können oder sie vor künftigen Scheinschwangerschaftsproblemen zu bewahren, dann täuschen Sie sich, denn damit sind diese Probleme nicht aus der Welt geschafft. Bei besonders starker Scheinträchtigkeit mit Milcheinschuß sollte besser der Tierarzt aufgesucht werden.
Auch der dringende Wunsch Ihrer Kinder, die junge Pudelchen herzig finden, sollte nicht der einzige Anstoß zu einem solchen Vorhaben sein. Zudem leisten Sie der Pudelzucht keinen Dienst, wenn Sie sich aus Bequemlichkeit den nächstgelegenen Rüden aus dem Dorf aussuchen. Hunde gibt es bereits genug. Was das Züchten interessant macht, ist das Verfolgen eines bestimmten Ziels, wie die Verbesserung von Farbe, Form und Wesen und die Vermeidung von Erbfehlern. Dazu braucht es Erfahrung und genaue Kenntnisse über die Vorfahren der Zuchttiere.

Sollte es Ihnen aber wirklich ein Bedürfnis sein, für einmal Ihrer Hündin die Mutterfreuden zu gönnen, dann wäre es wichtig, daß Sie sich mit dem Züchter der Hündin oder mit einer kompetenten Fachperson im Pudelclub in Verbindung setzen, damit genau abgeklärt werden kann, was für ein Rüde abstammungsmäßig für eine Paarung in Frage kommen könnte, um die Gefahr von Erbkrankheiten soweit wie möglich auszuschließen. Sollte dann aber trotz sorgfältigster Auswahl des Zuchtrüdens das Resultat doch nicht ganz befriedigen, so müßten Sie das als Laune der Natur hinnehmen können. Auch erfahrene Züchter haben selten reine Sieger-Würfe.
Weitere Voraussetzungen für das Gelingen eines solchen Vorhabens wären: genügend Zeit, Platz und Toleranz. Sogenannte Putzteufel sind selten glücklich bei einem solchen Ereignis, denn hier gilt es unbedingt, dem lebenden Geschöpf den Vorrang zu geben. Auch ein großer Garten allein erfüllt die nötigen Anforderungen noch nicht. Was ein Hund braucht, ist Geborgenheit, und diesem Bedürfnis muß man während der Trächtigkeit und während der Aufzucht der Welpen in ganz besonderem Maße nachkommen können. Auch die Geburt muß sorgfältig überwacht werden. Es ist übrigens keine Seltenheit, daß Hündinnen nachts werfen. Das bedeutet: Alles gut beobach-

Privat gehaltene Hündinnen können auch ohne Mutterfreuden ein abwechslungsreiches Leben führen. Bei vielen Pudel-Besitzern ist diese Schnauzbart-Frisur sehr beliebt. Foto: Rolf Hinz

ten und im richtigen Moment wach bleiben. Dazu kommt, daß Ihre theoretischen Vorstellungen, die Sie über den Ablauf der Aufzucht haben, von Ihrer Hündin, die als Privathund viele Privilegien genießt, oft nicht akzeptiert werden. Entgegen einer geübten Zuchthündin läßt sich Ihre verwöhnte Pudeldame vielleicht nicht so leicht in ein speziell vorbereitetes Zimmer mit gut waschbarem Boden verbannen. Sie möchte viel lieber wie vorher überallhin mitkommen, auch ins Wohnzimmer. Auch nachts könnte sie sich mit Jammern störend bemerkbar machen, wenn sie ihres Nachwuchses wegen Schlafzimmerverbot bekommt. Darum überlegen Sie es sich lieber zweimal, ob Sie dieses Ereignis nicht dem erfahrenen Züchter überlassen wollen.

Wenn Sie aber nach dem Lesen einschlägiger Literatur (zum Beispiel das Brevier neuzeitlicher Hundezucht von Hans Räber) voll überzeugt sind, daß Ihnen ein solches Unternehmen zusagen würde, und wenn Sie sich ein ganz bestimmtes Zuchtziel setzen möchten und Sie ganz systematisch auf die Suche nach einem passenden Zuchtrüden gehen, kann niemand etwas gegen dieses Vorhaben einwenden. Vorgängig müßten Sie aber noch das Zuchtreglement studieren und Ihre Hündin mit den verlangten Untersuchungsunterlagen (PRA oder HD) an einer Zuchttauglichkeitsprüfung vorführen. Nach diesen Vorbereitungen könnte das Ereignis seinen Lauf nehmen.

Foto: Sally Anne Thompson

Soll ich meinen Rüden zum Decken geben?

Bei privat gehaltenen Rüden kommt es nicht selten zu Deckschwierigkeiten, denn diese Hunde sind oft so stark auf ihre Bezugsperson fixiert, daß sie sich zu wenig intensiv für die läufige Hündin interessieren.
Erste Voraussetzung für eine Paarung ist natürlich, daß beide vorher zuchttauglich geschrieben worden sind. Meistens werden die Hündinnen zu einem vom Rüden-Besitzer bestimmten Ort gebracht und meistens gehört die Hündin einer erfahrenen Person, die bei Problemen helfen kann. Der Züchter oder die Züchterin kennt den besten Tag der Hündin. Er wird zwischen dem 9. und 13. Tag ihrer Läufigkeit liegen. Bei der Ankunft der Hündin sollten Sie darauf achten, daß der Rüde nicht durch allzu lange Begrüßungsspiele ermüdet wird. Während der Rüde seine Aufsteigversuche unternimmt, soll die Hündin von der Besitzerin oder vom Betreuer mit einer Hand am Halsband festgehalten werden, mit der andern Hand soll von unten her der Bauch gestützt werden. Mit Hil-

fe dieser Stütze wird die Hündin im entscheidenden Moment dem Rüden weniger ausweichen.
Viel Geduld braucht es vor allem dann, wenn beide, der Rüde und die Hündin, noch unerfahren sind und wenn gleichzeitig auch die Züchterin ihren ersten Wurf plant. Von einem solchen Unternehmen sollte abgeraten werden, vor allem dann, wenn der Rüde schon ein paar Jahre alt ist. Fürs erste Mal wäre eine erfahrene Hündin sicher von Vorteil.
Den Deckvertrag bringt meistens die Besitzerin oder der Besitzer der Hündin mit. Die Decktaxe kann je nach Abstammung oder Champion-Titel des Rüden variieren. Normalerweise wird das Deckgeld vom Hündinnenbesitzer sofort nach erfolgter Deckung bezahlt. Nach fünf Wochen läßt sich bei der Hündin meistens feststellen, ob sie trächtig ist. Die ganze Trächtigkeit dauert rund neun Wochen.

Viele Besitzer von privat gehaltenen Rüden haben Angst, daß ihr Pudel anschließend nichts anderes mehr im Kopf hat. Sexuell übersteigertes Verhalten ist aber oft eine Veranlagung, die auch ohne Paarung beobachtet werden kann. Es wäre natürlich ungeschickt, wenn Sie als Paarungsort Ihr Wohnzimmer aussuchen würden, denn so würde er anschließend den lockenden Geruch der Hündin zu lange in der Nase haben.

In alten Büchern wird oft empfohlen, dem Deckrüden zur Stärkung ein rohes Eigelb zu verabreichen. Heute ist man wegen der Salmonellen-Gefahr von dieser Empfehlung abgekommen.

Wozu dienen ellenlange Stammbäume?

In bezug auf Schönheit und Körperbau scheint der heutige Pudel schon recht gut gefestigt zu sein. Ganz früher wurde viel mit deutschen Linien gezüchtet. Das waren eher kräftige Pudel mit vollzahnigem Gebiß und einer seriösen Farbe. Diese gelangten über Exporte nach England und Amerika, wo sie im Typ verfeinert wurden, während dort den Kriterien der Vollzahnigkeit und der Farbe weniger Beachtung geschenkt wurde. Die Pudelzucht aus England entwickelte sich zu einem Begriff für elegante Pudel mit feinen Köpfen. Das Engagement der Züchter war groß. Verschiedene Pudel schafften es zur höchsten Ehre des Best-in-Show-Titels an der weltbekannten Cruft's-Dog-Show.

Studiert man die Stammbäume dieser großen Sieger, so kommt man dem Geheimnis schnell auf die Spur: es heißt Linienzucht. Auf diese Weise konnten die erwünschten Merkmale relativ schnell gefestigt werden. Inzwischen haben wir aber auch die Nachteile dieser Zuchtart kennenlernen müssen. Tauchen in solch gefestigten Linien Erbfehler auf, dann sind diese nicht so einfach zu bekämpfen. Wenn zur Bestimmung von Äußerlichkeiten drei aufgeschriebene Generationen vielleicht noch ausreichen könnten, so ist man heute froh, von jedem Pudel die Vorfahren mindestens fünf Generationen zurück zu kennen, um sich des Ahnenverlustes, der durch die enge Linien-Zucht erreicht wird, besser bewußt zu werden.

Was heißt »überzüchtet«?

Dieser Ausdruck wird oft von Laien verwendet und er dient als Bezeichnung für irgendwelche störende Mängel eines Pudels, die man auf die sogenannte »Inzucht« zurückführen möchte. Nun kann man aber unsere Stammbaumpudel nicht einfach als »überzüchtet« bezeichnen. Ein stammbaumloser Pudel könnte noch viel mehr gefährdet sein, aus Problem-Linien zu stammen, nur kann man das bei ihm weniger gut nachweisen. Wichtig ist immer, wie gesund der einzelne Stamm ist, auf dem eine Linie aufgebaut wird. So entstammt zum Beispiel der bekannte englische Rüde Tiopepi Typhoon einer Halbgeschwisterpaarung. Dieser bekannte Miniature-Rüde war nicht nur seiner Schönheit wegen ein Begriff. Er wurde noch zu Lebzeiten zur Legende, weil er noch im Alter von 13 Jahren imstande war, Nachkommen zu zeugen. Auch mit den Augen hatte Typhoon keine Probleme, dafür gab es unter seinen Nachkommen einige mit Zahnfehlern. Doch das ist ein Mangel, der die Gesundheit nicht beeinträchtigt, eine solche Zahnlücke hat höchstens einen Einfluß auf die Bewertung an einer Hundeausstellung.
Für den Züchter ist es keine Schande, wenn eine Erbkrankheit auftaucht. Das kann in jeder Zucht passieren. Zur Schande wird es erst, wenn er keine Konsequenzen daraus zieht. Er sollte eine solche Paarung nicht wiederholen und in Zukunft die Stammbäume noch besser studieren.

Heute sind zur Auffrischung der Blutlinien vermehrt auch Zuchttiere aus den skandinavischen Ländern und aus den USA begehrt.

Hunde züchten ist mehr als ein Hobby

Die Illusion, beim Züchten reich zu werden, gehört nicht zur Motivation des engagierten Züchters. Auch die Tatsache, daß uns das Miterleben vom Aufwachsen junger Pudelchen beglückt, reicht noch nicht aus, um auszuharren, bis sich die erwarteten Zuchterfolge einstellen. Eine weitere Voraussetzung ist ein großes Ausmaß an Interesse am theoretischen Studium, denn ein seriöser Züchter wird nicht einfach irgendwelche Pudel miteinander paaren (Out-Cross-Paarung), in der Absicht, den Schönsten daraus zu behalten, denn er weiß, daß dieses Zufallsresultat der Weiterzucht nicht viel bringt.

Vor einer geplanten Paarung wird er sich zuerst ein bestimmtes Zuchtziel setzen, und somit wird er auch mit dem nötigen Eifer in die Sache eintauchen. Das heißt Kontakte zu vielen Züchtern pflegen und Stammbäume studieren. Dazu gehören auch umfangreiche Nachforschungen über eventuelle Erbkrankheiten der Vorfahren. Bei einer nachweislich leicht belasteten Linie der Hündin sollte in der Auswahl des Rüden darauf geachtet werden, daß diese problematische Linie auf keinen Fall unter den Groß- oder den Urgroßeltern durch eine Verpaarung verdoppelt wird, denn die meisten Erbkrankheiten wie PRA, Epilepsie oder Kniescheiben-Luxation vererben sich rezessiv, das heißt, es wird gefährlich, wenn die Veranlagung dazu von der mütterlichen und von der väterlichen Seite kommt. Gefällt ein Vorfahre im Stammbaum der Hündin besonders gut und kann man über die Nachkommen und die Vorfahren dieses Pudels keine schlimmen Erbfehler ausfindig machen, dann könnte es sich lohnen, bei der Suche nach einem passenden Rüden darauf zu achten, daß dieser bestimmte Vorfahre ebenfalls in seinem Stammbaum vorkommt. Mit einer sorgfältigen Linienzucht hätten wir eine bestimmte Gewähr (eine totale Sicherheit gibt es in diesem Bereich nie), daß die daraus folgenden Nachkommen ihre Veranlagungen soweit gefestigt haben, daß sie diese verstärkt weitergeben können. So kann man einem gewünschten Ziel näher kommen. Eine solche Linienzucht ist aber nur dort angebracht, wo man wirklich die Möglichkeit hat, die Mängel der Vorfahren in Erfahrung zu bringen. Darum ist es gut, daß wenigstens in England und in den skandinavischen Ländern, die mit PRA befallenen Pudel veröffentlicht werden. Dabei werden vernünftigerweise auch die Eltern des betroffenen Pudels angegeben, denn sie sind demnach Träger dieser Krankheit. Es geht dabei nicht darum, Züchter zu schädigen. Man wird es bedauern, daß es passiert ist, aber noch viel wichtiger ist, daß man anschließend die Möglichkeit hat, die nötigen Konsequenzen

Ein schönes Zuchtresultat ist der Stolz jedes Züchters. Hier sehen wir die Hündin int. Ch. Go-Go-Crazy-Look vom Swenter Moor mit dem Rüden int. Ch. Tiopepi Tommer Hawk von Yvonne Voegelin, mit einem ihrer Nachkommen. Züchterin ist Ursula Eberli, Hirzel. Foto: Eberli

zu ziehen. Somit wird es auch möglich sein, diese Probleme in den Griff zu bekommen. Auch bei größter Vorsicht kann ein Rückschlag vorkommen. Aber im Wissen, das Bestmögliche versucht zu haben, kann ein eventueller Mißerfolg besser verkraftet werden.
Neben der Freude an den lebensfrohen Geschöpfen und dem Interesse am theoretischen Studium braucht der Züchter aber eine große Portion Ausdauer, viel Einfühlungsvermögen, gute Menschenkenntnisse und einen gesunden Menschenverstand. Der Käufer sieht oft nur die reizenden Welpen, die ihn erfreuen. Er vergißt ganz, daß der seriöse Züchter in der Sorge um seine vierbeinigen Schützlinge auf manches verzichtet, was für andere eine Selbstverständlichkeit ist. Auch der Wunsch nach Ferien stellt den Züchter vor schwierige Organisationsprobleme.
Steht eine Hündin vor dem Werfen, so heißt das für den Züchter, für ein paar Tage alle gesellschaftlichen Verpflichtungen abzusagen, denn nicht jede Geburt geht reibungslos vor sich. (Ein zuverlässiges Vorzeichen für eine bevorstehende Geburt ist das starke Absinken der Temperatur der Hündin.) Der engagierte Züchter fühlt sich verpflichtet, bei diesem Ereignis voll für seine Hündin da zu sein und helfend einzugreifen. Darum ist es unverständlich, daß es ab und zu Leute gibt, die meinen, diese Liebhaberei ließe sich in der Freizeit betreiben, während man tagsüber einer interessanteren Arbeit außer Haus nachgehen könne. Das wäre nur möglich, wenn man unterdessen einen Betreuer oder eine Betreuerin für die Vierbeiner engagieren könnte, denn Zuchthunde und Welpen sollten nicht regelmäßig und stundenlang sich selbst überlassen sein. Die Mutterhündin könnte zum Beispiel plötzlich am sogenannten »Milchfieber« erkranken und einer sofortigen Calzium-Zufuhr bedürfen. Auch anfänglich spärlicher Milchfluß verpflichtet den Züchter zur arbeitsintensiven Mithilfe. Bei solchen und ähnlichen Schwierigkeiten wäre es dem Zuchttier gegenüber unverantwortlich, wenn wir ihm nicht vorübergehend rund um die Uhr unsere Hilfe anbieten würden.

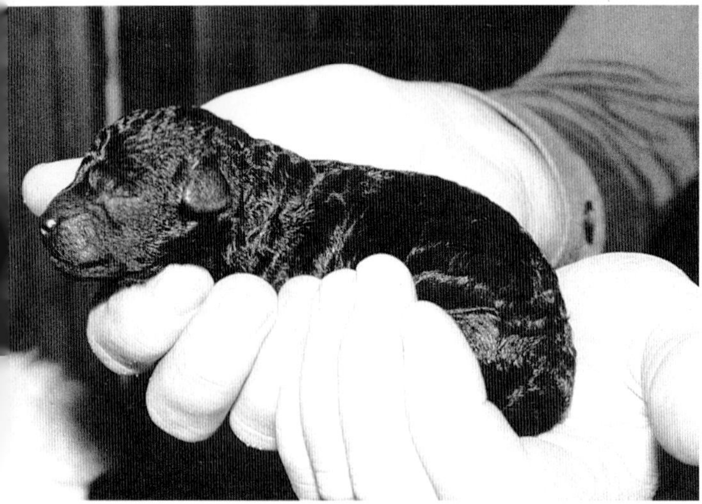

Des Vierbeiners Schicksal liegt in des Menschen Hand. Dieser kräftige neugeborene Welpe wiegt 200 g.
Die Eltern dieses Welpen sind im Zwergenmaß, er wuchs aber, seinen Vorfahren entsprechend, zu einem typischen englischen Miniature-Pudel von 38 cm heran.

Diese sechs gut genährten weißen Mittelpudel-Welpen wurden in der Zucht vom Elfenberg von Christa Simon in Spiesen (D) aufgezogen.

Ein Welpe wächst heran

Nach einer gut überstandenen Geburt von kräftigen Welpen bleibt dem Züchter noch etwas Ruhe vor dem Sturm, denn in den ersten zwei Wochen verbringen die Welpen ihre Zeit mit Trinken und mit Schlafen und sie werden dabei kugelrund.
Die Arbeit des Züchters liegt jetzt nur darin, die Kleinen täglich auf ihre normale Gewichtszunahme zu kontrollieren. Er wird feststellen, daß das Geburtsgewicht innerhalb weniger Tage verdoppelt wird. Diese tägliche Gewichtskontrolle dient auch dazu, das erste Vertrauen zwischen dem Welpen und dem Züchter herzustellen.
Es leuchtet allen ein, daß die Hündin während der Zeit des Säugens besonders gut ernährt werden muß. Wenn während der Zeit der Trächtigkeit noch keine Erhöhung der täglichen Ration nötig war (eine fette Hündin könnte beim Werfen Schwierigkeiten haben), werden jetzt von der Hündin größere Portionen verlangt und auch benötigt.

Zur Gewichtsentwicklung

Das Geburtsgewicht ist nicht immer sehr aufschlußreich in bezug auf die spätere Größe, denn es wird je nach Wurftag und der Stärke des Wurfes verschieden sein. Daß auch das Führen von Gewichtstabellen, das zur Kontrolle einer gesunden Entwicklung nötig ist, nicht unbedingt schon Aufschlüsse über die endgültige Größe geben kann, habe ich selber erfahren. Nach der Geburt eines Einzelwelpen mit Eltern im Zwergenmaß (aber englische Miniature-Abstammung) hatte ich die Möglichkeit, mit einer Pudelzüchterin in Kontakt zu kommen, die zur selben Zeit ebenfalls einen Einzelwelpen vom gleichen Vater zu betreuen hatte. Das Geburtsgewicht lag bei 200 g. Die anschließende Gewichtsentwicklung der beiden ging aber total auseinander. Während unser Welpe am 18. Tag bereits ein Gewicht von 800 g erreicht hatte und so dick war, daß er noch keine Gehversuche unternehmen konnte, stolzierte der andere mit einem Leichtgewicht von nur 400 g bereits umher. Die Gewichtszunahme des Vergleichsrüden glich der eines Toypudels. Doch nach einem Jahr hatten beide eine Größe zwischen 37 und 38 cm erreicht. Somit muß hier der Gewichtsunterschied im Welpenalter mit der unterschiedlichen Milchleistung der beiden Hündinnen erklärt werden.

Ein sehr kleiner Toy, der auch von sehr kleinen Eltern stammt, wird am ersten Tag zwischen 100 und 120 g wiegen. Alles was unter 100 g Geburtsgewicht liegt, muß als kritisches Gewicht bezeichnet werden und eine regelmäßige Zunahme sollte besonders sorgfältig überwacht werden, um ganz sicher zu sein, ob das niedere Gewicht nicht mit einer allgemeinen Konditionsschwäche des Welpen zusammenhängt. Ein kleiner Toy der später unter 25 cm bleibt, wird im Alter von einem Monat nicht mehr als 450 g wiegen. Die Zunahme pro Monat wird ebenfalls nicht mehr als 450 g betragen. So wird er im Alter von sechs Monaten etwa 2700 g wiegen. Die monatliche Zunahme eines größeren Toys kann rund 700 g betragen.

Interessant ist ein Vergleich von Durchschnittsgewichts-Zahlen der verschiedenen Größen im Alter von 8 Wochen. Während ein Großpudelwelpe bereits das Gewicht eines ausgewachsenen Zwerges, das heißt rund 5 kg, auf die Waage bringen kann, wiegt ein Mittelpudel vielleicht 3 kg, ein Zwerg meistens etwas unter 2 kg und ein kräftiger Toypudel rund 1,5 kg. Die Futtermenge der Welpen muß natürlich laufend ihrem Gewicht angepaßt werden.

Bei kräftigen, gesunden Welpen wird der zweite Lebenstag für das Kupieren der Rute als günstig erachtet. Die Schmerz-Empfindungsnerven sollen zu diesem Zeitpunkt noch nicht voll entwickelt sein. Jedenfalls ist der Welpe anschließend sofort wieder in der Lage, bei seiner Mutter Milch zu saugen.
Die Augen werden oft erst nach zwei Wochen geöffnet, und bald folgt das erste zaghafte Spiel mit den Wurfgeschwistern, das mit der Zeit immer wilder wird. Sobald der Welpe gelernt hat, sich auf seinen vier Beinen fortzubewegen und ihm genügend Platz zur Verfügung steht, wird sich sein Babyspeck in Muskeln verwandeln, und seine Gestalt nimmt langsam pudelähnliche Formen an.
Mit Zufüttern kann dann begonnen werden, wenn die Mutter zum Säugen immer größere Pausen einschaltet. Das kann im Alter von fünf bis sechs Wochen der Fall sein.
Um den Welpen auf den Geschmack des Selberessens zu bringen, kann man ihn auf den Schoß nehmen und ihm am Finger etwas Rinds-Tartar zum Ablecken hinstrecken. Bald läßt er sich aus einem Schüsselchen mit Vollkornbrei, weichgekochten, pürierten Karotten und Rindshackfleisch füttern. Auch Joghurts und Kaffeerahm werden gern genommen, bis man im Alter von rund sieben Wochen auf etwas festere Nahrung übergehen kann. Zur gesunden Zahn- und Knochenbildung sollen die nötigen Vitamine und Mineralstoffe nicht fehlen. Beim Tierarzt wird eine spezielle Welpenmilch angeboten, der alle nötigen Zusätze bereits zugefügt sind. Oft wird sie auch von der Mutterhündin gerne genommen.
Die Rechnung, man könne durch eine knappe Ernährung einen Toypudel besonders klein halten, geht natürlich nicht auf (es schadet höchstens der gesunden Entwicklung des Welpen), denn die endgültige Größe wird von ererbten Genen und nicht von verabreichten oder weggelassenen Vitaminen bestimmt. Was einem Welpen in der Ernährung fehlt, das kann später nur schwer nachgeholt werden.
Mit dem Zufüttern kommt auch die Zeit des Aufputzens, denn sobald die Kleinen noch etwas anderes als Muttermilch zu sich nehmen, wird die Hündin mit Putzen aufhören. Jetzt ist es wichtig, daß den Welpen abseits vom Schlafplatz eine Versäuberungsecke, die mit Zeitungspapier belegt ist, eingerichtet wird. Durch ihren angeborenen Sinn zur Sauberkeit sind schon die kleinen Welpen bemüht, ihren Schlafplatz sauber zu halten.

Ein gutes Zuchtresultat ist sicher die größte Freude des Züchters. Er freut sich über die schönen, gesunden und munteren Welpen. Aber auch diese Freude bleibt nicht immer ganz ungetrübt, denn er übernimmt die Verantwortung, und möchte seinen Schützlingen eine gute Zukunft bieten. Nach bestem Wissen und Gewissen wird er nach geeigneten Interessenten Ausschau halten. Bei gewissen Welpen fällt es ihm vielleicht schwer, sich von ihnen zu trennen, weil er sie bereits ins Herz geschlossen hat oder weil sie ihn ganz besonders ansprechen.

Viele Züchter übergeben bei der Abgabe eines Welpen auch eine kurze Wegleitung, um dem Kleinen den Streß des Wechsels zu erleichtern. Sie schreiben genau auf, wann und was der Kleine zur Zeit zu essen gewohnt ist, wieviel er schlafen sollte, wie man ihn am schnellsten stubenrein macht, wann der nächste Impftermin fällig ist und wie man das Welpenfell pflegt.

Der Käufer sollte nicht vergessen, daß sich jeder Züchter freut, wenn ihm später berichtet wird, wie sich der Welpe weiterentwickelt hat. Auch für Fragen und Probleme in der weiteren Aufzucht steht er mit seinen Erfahrungen gerne zur Verfügung.

Der Fütterungsplan eines 10 Wochen alten Welpen könnte folgendermaßen aussehen:

8.00 Uhr - Ein Tellerchen Baby-Milch-Grieß-Brei mit Honig oder Traubenzucker.

11.00 Uhr - Eine Fleischmahlzeit (vorzugsweise Rindshackfleisch, das in einer Pfanne solange erwärmt wird, bis es seine rote Farbe verliert). Beigemischt werden ein Baby-Vollkornbrei, der später durch Reis, Vollkorn-Teigwaren oder Hundeflocken ersetzt werden kann und weichgekochtes, zerdrücktes Gemüse wie Karotten oder Fenchel.

15.00 Uhr - Ein Tellerchen voll handwarme Milch, Kaffeerahm oder Hundemuttermilch-Ersatz mit Zwieback oder Knäckebrot.
Es darf auch etwas Rahm- oder Hüttenkäse verabreicht werden.

19.00 Uhr - Nochmals eine Fleischmahlzeit mit Vollkornbrei und Gemüse.

Liebe auf den ersten Blick

Der Kauf eines Pudels muß gut überlegt sein

Sobald Sie einem solchen jungen »Wollknäuel« persönlich gegenüberstehen, merken Sie, daß für dieses anmutige Geschöpf jede Werbung überflüssig ist. Aber bevor Sie sich vom Charme eines Pudelwelpen umgarnen lassen, ist es zu empfehlen, sich zu der ganzen Sache ein paar ernste Gedanken zu machen. Das »ABC für Hundebesitzer« von Urs Ochsenbein wird Ihnen in dieser Beziehung hilfreiche Hinweise geben können. Auch der Züchter ist froh, wenn Sie sich bereits gewisse Überlegungen gemacht haben. Und wenn Sie noch gar keine Erfahrung haben, dann sollten Sie sich zuerst bei einer Fachperson des Pudelclubs erkundigen und dort Ihre Fragen stellen, die Sie im Zusammenhang mit diesem Hund beschäftigen.

Wichtig ist, daß Sie wissen, daß der Pudel ein Hund ist, der gern im Mittelpunkt steht und der Zeit zur Fellpflege braucht (täglich eine Viertelstunde). Dann ist ein Pudel natürlich nicht einfach eine hübsche Bereicherung Ihrer eleganten Wohnungseinrichtung. Dieser temperamentvolle Hund will sich nicht zu einem Stubenhocker oder zu einem Spielzeug Ihrer Kinder degradieren lassen. Er fordert von Ihnen vollen Familienanschluß und den nötigen Respekt, den man einem Hundegeschöpf entgegenbringen soll.

Bitte denken Sie auch an die Ferien. Könnten Sie es sich vorstellen, daß er mitkommen darf? Oder kennen Sie einen geeigneten Pflegeplatz für diese Zeit?

Lassen Sie sich nicht von Ihren kleinen Kindern zum Kauf eines Pudels drängen, denn die Verantwortung und die Arbeit liegen vorerst bei Ihnen, und für den Pudel wäre es nicht schön, wenn er nur mit knapper Not von Ihnen geduldet wäre. Er fordert Ihre ganze Zuneigung. Wenn er sie spüren kann, dann haben Sie in ihm bald einen besonders treuen Freund, der Sie am liebsten überallhin begleiten möchte.

Rocky des trois Bornes, ein Silberzwergpudel-Rüde im Alter von zwölf Wochen. Geimpft und entwurmt und mit einem lustigen Schnauzbart frisiert. Foto: H.R. Alder

Sind Pudel kinderfreundlich?

Wenn man sich diese Bilder anschaut, könnte man meinen, der Pudel sei der geborene Spielkamerad für Kinder. Das trifft aber nicht zu. Pudel, die ohne Kon-

Wer ist die Schönste im ganzen Land? »Diega« mit ihrer Freundin Stefanie an einer Hundeausstellung in Bern.

takt mit Kindern aufgewachsen sind, können ein kleines Kind, das unbeschwert umherrennt, anfänglich als unberechenbare Bedrohung wahrnehmen. Einfacher ist es bei Pudeln, die den Kontakt mit Kindern bereits im frühen Welpenalter kennengelernt haben. Wenn man aber das Kleinkind und den Welpen unter der nötigen Aufsicht miteinander spielen läßt, dann kann sich zwischen den beiden schnell eine tiefe Freundschaft entwickeln. Voraussetzung ist aber, daß dem Kind die nötigen Verhaltensregeln im Umgang mit einem Tier gegeben werden. Nie soll es den schlafenden Welpen wecken oder ihn mit frisch gefülltem Bäuchlein umherschleppen.

Ein Problem im Spiel zwischen Welpen und Kindern sind die spitzen Milchzähne, die wie Nadeln stechen und kleine Kinder zum Weinen oder zu unberechenbaren Wutausbrüchen bringen können. Darum sind ein Tennisball oder ein Büffelhautknochen geeignetere Spielzeuge für den Welpen als Kinderhände! Notfalls könnten aber auch alte Lederhandschuhe angezogen werden. Doch dieses Problem ist schnell aus der Welt geschafft. Der Zahnwechsel findet im Alter zwischen fünf und sechs Monaten statt und das fröhliche Spiel zwischen Kind und Pudel wird bald für beide zur ungetrübten Freude, denn die bleibenden Fangzähne sind angenehm abgerundet.

Ein Kind, das von seinen Eltern die Achtung vor dem Tier vorgelebt bekommt, wird in der freundschaftlichen Beziehung zu einem Hund viel Schönes finden. Größere Kinder (ab 8 Jahren) sind durchaus in der Lage, zeitweise die nötige Verantwortung für den Vierbeiner zu übernehmen. Für sie steht bereits ein interessantes Angebot im Bereich des Hundesportes zur Verfügung. Neben den Welpenspieltagen, die in vielen Gemeinden durchgeführt werden, gibt es auch in vielen Clubs Trainingsgelegenheiten für Agility-Wettbewerbe oder für Junior-Handling. Wie die Bilder von Urs Ochsenbein im Kapitel »Erziehung« zeigen, ist es in diesem Alter bereits möglich, an Erziehungskursen seinem Pudel unter fachmännischer Anleitung die wichtigsten Grundübungen beizubringen. Ein solch systematisches Arbeiten mit dem Hund bringt für beide schnell eine innige Beziehung. Und wer später Lust bekommt, diese Arbeit zu ergänzen, dem stehen weitere Möglichkeiten offen. Die meisten Pudel schaffen es spielend, die Begleithundeprüfung zu absolvieren.

Welpen, die beim Aufwachsen von Anfang an Kontakt mit Kindern haben und dabei gute Erfahrungen machen, werden ihr Vertrauen behalten.
Dieser Welpe kommt aus der Zucht »Doctor's Special« von Liisa Jussila aus Helsinki. Foto: Rauni Eloranti

Dieser Hündin kann auch ein kleines Kind gefahrlos die Hand entgegenstrecken, denn die 7 Monate alte »Ursel von der Hutzelschweiz« hat den Zahnwechsel hinter sich. Die spitzen Milchzähnchen sind jetzt durch die zweiten, kräftigeren Zähne ersetzt, die beim Spiel keine Kratzer mehr hinterlassen.

Wie finde ich den guten Züchter?

Falls Sie sich für einen Pudel interessieren, dann setzen Sie sich am besten mit einem der Rasse-Clubs in Verbindung. Die entsprechenden Adressen finden Sie im Anhang oder in den Hundefachzeitschriften. Dort können Ihnen seriöse Züchter-Adressen vermittelt werden.
Bei einem Pudel mit einer anerkannten Ahnentafel haben Sie die Gewißheit, daß er aus einer kontrollierten Zucht kommt. Dort, wo man Ihnen die Mutter der Jungen nicht zeigen will, dürfen Sie mißtrauisch werden. Einen Züchter sollten Sie aber nicht ohne vorherige telefonische Anmeldung aufsuchen, denn auch er hat einen Zeitplan einzuhalten.
Ein guter Züchter ist sehr daran interessiert Sie kennenzulernen, denn ihm ist es wichtig zu wissen, wem er seine Welpen anvertraut. Und für Sie ist wichtig zu sehen, daß die Welpen freien Auslauf genießen können und daß ihnen ein paar anregende Spielgeräte zur Verfügung stehen. Doch das allerwichtigste ist, daß sich zwischen den Welpen und ihrem Betreuer in den ersten Lebenswochen bereits eine vertrauensvolle Beziehung entwickeln konnte.

Die weiße Großpudel-Hündin »Diega of Beautyflake« aus der Zucht von Brigitte Haudenschild genießt es im Kindergarten-Rudel mitzumachen. Die Besitzerin von Diega ist Nelly Kipfer aus Worben (CH).

Was ein künftiger Pudelbesitzer wissen möchte

Welchen Welpen soll man sich aussuchen?

Bei begehrten Züchtern sind die jungen Pudel oft schon reserviert, bevor sie im verkaufsfähigen Alter sind. Wenn Sie aber zwischen mehreren die Wahl haben, dann achten Sie darauf, den zu nehmen, der ganz unbefangen und selbstsicher auf Sie zukommt. Gehen Sie in die Knie und warten Sie ab was passiert. Ein Welpe, der schüchtern in einer Ecke sitzen bleibt, wird mit dem Wechsel seines Meisters voraussichtlich etwas mehr Mühe haben. Im Normalfall wird jedoch die ganze Welpenbande auf Sie zustürmen und bald werden Ihre Schuhe nicht mehr zugebunden sein.
Sobald Sie sicher sind, wo Sie Ihren Welpen kaufen werden, können Sie beim nächsten Besuch das Kissen oder die Wolldecke aus Ihrem neu gekauften Hundekorb zum Züchter bringen. Dort kann man das den Welpen und der Mutterhündin zur Geruchsaufnahme hinlegen und wenn Sie beim nächsten Mal den kleinen Vierbeiner abholen, können Sie auch diese Decke wieder mitnehmen. Der altbekannte Geruch wird den Kleinen in der fremden Umgebung beruhigen. Oft wird auch empfohlen, in den ersten Tagen eine kleine, gut umwickelte Bettflasche ins Körbchen zu legen, die die Wärme der Wurfgeschwister ersetzen soll.

Ein Pudelwelpe kommt ins Haus

Vor der Ankunft des kleinen Vierbeiners haben Sie sicher die Wohnung geputzt, aufgeräumt, alle gefährlichen Kabel und giftigen Pflanzen außer Reichweite des Ankömmlings gestellt, eventuelle gefährliche Treppen abgesichert und alle Löcher im Gartenzaun dicht gemacht, so daß Sie jetzt Ihre Zeit ganz dem kleinen Hundekind widmen können. Aber wenn der kleine Wollknäuel seine große Spielfreude nicht schon im ersten Moment erkennen läßt, hängt das damit zusammen, daß er jetzt sehr verunsichert ist. Die Hundemutter und seine Geschwister fehlen ihm, er vermißt auch seinen gewohnten Schlaf- und Spielplatz. Jeder Geruch und jede Stimme ist ihm fremd. Jetzt

Ein gesunder Welpe im verkaufsfähigen Alter interessiert sich in vorsichtiger Neugier für alles Neue. Wir sehen hier Rocky des trois Bornes.

Aischa vom Edelholz aus der Zucht von Julia Schwegler an ihrem neuen Platz bei Regina Schäublin in Muttenz (CH). Aischas Vater ist ein Sohn des schwarzen Champions »Milamarten Gui Bono«. Das ist ein Deckrüde, den man heute in vielen Stammbäumen der Mittelpudel findet. Ob »Aischa« ihre Geschwister vermißt? Zum Glück nimmt sich ihre Meisterin viel Zeit für die Kleine. Foto: R. Schäublin

liegt es an Ihnen, ihm möglichst schnell Geborgenheit und Anregung zu bieten. Dabei werden Sie bald merken, daß der Welpe Ihnen diese Bemühungen durch seine Anhänglichkeit belohnt.

Ihre Fähigkeiten als Hundemeister oder -meisterin werden nun auf die Probe gestellt, denn es ist vor allem Ihr Verdienst, wenn sich der Welpe schnell einlebt, wenn er schnell stubenrein ist und sich problemlos an die Leine gewöhnen läßt.
Wenn Sie dem Welpen genügend Gelegenheit zum Austoben bieten können, dann wird er sich auch regelmäßig zum nötigen Schlaf hinlegen und Sie müssen dabei kaum um Ihre Wohnungseinrichtung bangen. Solange ihm ein paar geeignete Spielsachen, wie zum Beispiel ein Tennisball oder ein Büffelhautknochen, zur Verfügung stehen, wird er seine spitzen Milchzähne nicht an den Stuhlbeinen oder am Teppich ausprobieren. Vielleicht haben Sie sogar die Möglichkeit, Leute aus der Nachbarschaft zu treffen, die sich ebenfalls einen jungen Hund angeschafft haben, oder Sie können die Gelegenheit nutzen, an Welpenspiel-Tagen teilzunehmen. In der Schweiz werden solche schon an verschiedenen Orten durchgeführt. Oft weiß der Tierarzt Genaueres darüber. Solche Kontakte unter seinesgleichen geben Ihrem Wel-

pen Selbstsicherheit in der Begegnung mit seinen Artgenossen. Diese Treffen sind für den Vierbeiner sowie für den Betreuer lehrreich und amüsant.
Es sind aber keine Erziehungskurse. Die kann man erst besuchen, wenn aus dem Welpen ein Junghund von mindestens sechs Monaten geworden ist.

Die Leinenführigkeit

Aber es gibt auch ein paar schwierige Aufgaben zu bewältigen. Vielleicht haben Sie das Glück, daß sich Ihr Hundekind bereits an der Leine führen läßt. Wenn nicht, so haben Sie die Pflicht, es ihm möglichst schnell beizubringen. Das ist bereits ein erster Test Ihrer Einstellung zum Tier. Sie werden bald merken, daß man dabei mit Gewalt gar nichts erreichen kann. Meistens hilft es, wenn man den kleinen Hund vom Hause ein Stück weit wegträgt und ihn dann an der Leine zurücklaufen läßt, denn schon bald wirkt auch sein neues Zuhause für ihn wie ein Anziehungspunkt und so läuft er freudig heim und oft vergißt er dabei, daß er an der Leine ist. Haben Sie zusammen mit Ihrem Welpen diese Hürde genommen, trippelt er nun schon ganz freudig mit. Das heißt natürlich nicht, daß er Sie nun schon auf die größten Wanderungen begleiten darf. Solange ein Hund im Wachstum ist, sollte er noch nicht mit Gewaltsmärschen überfordert werden. Ihre diesbezügliche Geduld wird bald belohnt, denn ein ausgewachsener Pudel ist bei entsprechendem Training ein ausgezeichneter Läufer. Hundetaschen gehören zwar nicht zur Grundausrüstung eines Pudelbesitzers, denn Hunde sind Lauftiere, die ihre Beine brauchen können. Aber wenn man mit einem Welpen einen größeren Ausflug unternehmen möchte, dann kann eine Tasche doch gute Dienste leisten. Sie hilft eine Überforderung des jungen Hundes zu verhindern und gleichzeitig hat er auch die Gelegenheit, sich dabei den nötigen Schlaf zu holen.

Die Reinlichkeitserziehung

Eine weitere Probe, die Sie zu bestehen haben, ist die Reinlichkeitserziehung. Auch hier liegt es vor allem an Ihnen, wie schnell Sie ans gewünschte Ziel kommen. Der Welpe kommt bereits mit dem Bedürfnis, seinen Schlafplatz nicht zu verschmutzen, zu Ihnen. Nun gilt es diese Veranlagung richtig zu nutzen. Dabei ist es viel lohnender, sich am Anfang durch besondere Aufmerksamkeit etwas mehr Zeit zu nehmen, als dem Welpen erst später das morgendliche Versäubern im Hause abzugewöhnen. Achten Sie darauf, daß »Mißgeschicke« im Haus möglichst nicht passieren können. Pudel, die ihren Schlafkorb neben des Meisters Bett plaziert bekommen, sind natürlich schneller sauber als die, die allein in die Küche gesperrt werden. Schläft der Kleine in Ihrer Nähe, so merken Sie am Morgen sofort, wenn er erwacht und unruhig wird. Das heißt: Unverzüglich ins Freie oder wenigstens auf den Balkon mit ihm. Mit der gleichen Aufmerksamkeit sollten Sie am Anfang auch den ganzen Tag über Ihren Welpen beobachten. Anfänglich sollten Sie Ihren Welpen ca. alle 2 Stunden hinausführen und zwar im richtigen Moment, das heißt, wenn er aus dem Schlaf erwacht, wenn er sein Tellerchen leer gefressen hat oder wenn er plötzlich zu spielen aufhört und wie suchend hin und her läuft. Dann nimmt man ihn sofort auf den Arm und bringt ihn nach draußen. Je seltener das »Mißgeschick« im Haus passiert, desto größer ist die Chance, daß Ihr Pudel schnell merkt, daß sich sein Versäuberungsplatz im Freien befindet. Einfühlung, Achtsamkeit und liebevolles Lob im richtigen Moment führen am schnellsten zum gewünschten Ziel. Hier noch ein hilfreicher Tip: Wenn Sie am Morgen den Welpen nicht sofort im Nachthemd in den Garten tragen können, sondern sich zuerst anziehen müssen, hat es sich bewährt, den aufgewachten Welpen während dieser kurzen Zeit des Wartens in die Badewanne zu stellen. Dort gefällt es im nicht sonderlich. Darum wird er es wahrscheinlich unterlassen, sich zu lösen. Sollte es ihm trotzdem passieren, so ist das Mißgeschick schnell weggespült und auf Ihrem Boden gibt es anschließend keine Spuren, die den Welpen zu einer Wiederholung reizen. Nach ein paar Tagen wird diese Sondermaßnahme bereits überflüssig sein, weil der Kleine sich merken konnte, daß er sich im Freien versäubern soll.

Vom Junghund zum erwachsenen Pudel

Nach dem Zahnwechsel, das heißt, im Alter zwischen sechs und zwölf Monaten kommt der Pudel in die Pubertät. Zur gesunden Persönlichkeitsentwicklung ist

Die schwarze Zwergpudelhündin »Cami« war eine passionierte Mäusefängerin. Züchter und Besitzer: Inge und Heinz Hiller. Foto: H. Hiller

das nach der Prägungsphase in der Welpenzeit nochmals ein wichtiger Lebensabschnitt und eine Herausforderung für Hund und Meister. Auf der Suche nach seinen Grenzen im Menschenrudel benimmt er sich vermehrt ungezogen. Gleichzeitig fühlt er sich aber auch noch unsicher in seiner neu entdeckten Identität. Darum bringen Einfühlung und Geduld mehr als hartes Durchgreifen, denn es ist wichtig, daß die aufgebaute Beziehung zwischen Hund und Meister auch im »Flegelalter« keinen Schaden nimmt. Jetzt hilft es ihm, wenn er sich regelmäßig und ausgiebig austoben kann. Wird er nur ganz selten von der Leine losgelassen, so wird er die Gelegenheit, frei umherrennen zu können, voll nutzen und Ihrem Rufen nicht sofort Folge leisten. In einem ruhigen, angenehmen Umfeld wird sich sein Bedürfnis, seinem Meister zu gefallen, schnell wieder stärken. Wichtig ist, daß wir ihn nicht durch falsche Erwartungen (Vermenschlichung) überfordern. Er kann uns natürlich nicht zur richtigen Zeit das Badewasser in die Wanne einlaufen lassen, wie man das im Fernsehen in kitschigen Hundefilmen sehen kann. Aber wenn beide, der Pudel und sein Meister, gut aufeinander eingespielt sind und ohne viel Mißverständnisse miteinander kommunizieren können, dann entwickelt sich schnell ein enges Verhältnis, das wir gerne als Treue bezeichnen. Je besser die Beziehung ist, desto leichter gelingt es uns, den Pudel bei unseren Erziehungsbemühungen zum Mitmachen zu motivieren.

In diesen Zeitabschnitt fällt auch die erste Läufigkeit der Hündin. Für Mutterfreuden wäre sie jetzt noch zu jung. Das bedeutet, daß sie für drei Wochen nur an der Leine ausgeführt werden soll. Als verantwortungsvoller Hundebesitzer werden Sie in dieser Zeit einen Spazierweg aussuchen, auf dem Sie möglichst wenig Hunden begegnen. Um unnötiges Aufregen der Rüden zu vermeiden, ist es auch verboten, eine läufige Hündin an eine Hundeausstellung zu bringen. Ebenfalls in die Verantwortung des Hundehalters fällt das Sauberhalten der Wege und der Gartenränder. Es ist eine kleine Mühe, mit Hilfe eines Plastiksackes das Häuflein überall wegzuräumen, wo es Anstoß erregen könnte. Echte Hundefreunde sind immer bereit, sich rücksichtsvoll zu bemühen, den Kreis der Hundehasser möglichst klein zu halten.

Gesund bis ins hohe Alter

Zur Ernährung

Über die richtige Ernährung der Hunde ist schon sehr viel geschrieben worden. Wenn Sie zehn verschiedene Leute fragen, was nun wirklich richtig sei, dann werden Sie vermutlich zehn verschiedene Antworten bekommen. Und wenn Sie hören und lesen, daß es nur mit Fertigfutter möglich sei, seinen Hund artgerecht zu ernähren, dann mag das zwar eine gute werbetechnische Wirkung haben, aber man darf sich durchaus bewußt bleiben, daß das Fertigfutter oder das konservierte Futter immer nur ein Ersatz für Frischfutter ist.
Der Hund mit seinen starken Reißzähnen zeigt unverkennbar, daß er zu den Fleischfressern gehört. Darum sollte seine Nahrung, so lange er gesund und munter ist, aus einem großen Bestandteil Fleisch (75 %) bestehen. Der Rest kann sich aus gekochtem Gemüse (Karotten sind sehr gut für die Verdauung) und aus Kohlenhydraten in Form von Reis, Hirse, Hundeflocken oder Teigwaren zusammensetzen. Meine drei mögen es, wenn ich noch ein Joghurt daruntermische. Während der Wintermonate sollte auch ein bewährtes Vitaminpräparat verabreicht werden. Daß Hunde bei dieser Ernährung bis ins hohe Alter gesund und munter bleiben können, hatte schon mein erster Pudel »Filou« bewiesen. Er wurde über 18 Jahre alt. Dem alten Hund (ab zehn Jahre) reduziert man zur Entlastung der Nieren den Fleischanteil, dafür können die anderen Zugaben leicht erhöht werden.
Ein Preisvergleich zwischen dem Frischfutter und dem Dosen- oder Alu-Schalen-Futter ist schwierig, weil man nur Gleiches mit Gleichem vergleichen kann. Die Freude am Essen kann man beim Fertigfutter nicht unbedingt als Qualitätsgarantie werten, denn würde dieses Futter ohne künstliche Geschmacksverstärker verabreicht, so wäre die Freßlust der Vierbeiner wohl um einiges geringer. Dafür sind beim Fertigfutter die nötigen Vitamine und Mineralstoffe bereits beigefügt. (Es empfiehlt sich, das Verfalldatum zu beachten).
Im Gegensatz zu den Katzen suchen die Hunde eher weniger nach Abwechslung in der Ernährung. (Eine Ausnahme gibt es in der Zeit der Trächtigkeit oder während des Säugens der Welpen. Da werden oft ganz außergewöhnliche Wünsche wach). Hat man herausgefunden, was seinem Pudel gut bekommt, kann man diese Ernährungsweise beibehalten.
Es gibt sicher verschiedene Möglichkeiten, seinen Pudel richtig zu ernähren. Am besten halten Sie sich am Anfang an die Anweisungen des Züchters, denn am besten wird das vertragen, was der Hundemagen bereits gewohnt ist. Auch in bezug auf die Mengen kann Ihnen der Züchter mit seiner Erfahrung am besten Auskunft geben. In Büchern können unter den Futtermengen-Angaben immer nur Durchschnittswerte angegeben werden. Der wirkliche Bedarf ist individuell. Während mein erster Pudel (er war ein Zwerg aus Toyabstammung) mit 150 g Fleisch pro Tag sein ganzes Leben lang nur 5 kg wog, bringt unsere Hündin Fly (sie ist ebenfalls ein Zwerg, aber sie stammt aus englischen Miniatures) fast das Doppelte auf die Waage. Sie muß also in bezug auf die Futtermenge etwas mehr im Zügel gehalten werden.
Welpen benötigen vier Mahlzeiten. Beim heranwachsenden Pudel zwischen vier und sechs Monaten soll die Futtermenge noch auf drei Mahlzeiten verteilt werden; anschließend ist eine Aufteilung auf zwei möglich, was auch im Erwachsenenalter beibehalten werden kann. Während der Sommerhitze wird der Pudel oft selber entscheiden, ob er sein Essen auf eine Abendmahlzeit beschränken will. Im hohen Alter sollte aber die tägliche Futtermenge immer mindestens auf zwei Mahlzeiten verteilt werden.
Es empfiehlt sich, die Fütterungszeiten möglichst einzuhalten, was eine regelmäßige Verdauung erleichtert.
Möchten Sie eine Futterumstellung vornehmen, so darf das nie abrupt geschehen, denn das könnte

Die Liebe geht durch den Magen
Die kerngesunde »Inka v. Holunderbusch« von Brigitte Bossing ist eine Feinschmeckerin. Ihr Lieblingsmenü wird von ihrer Meisterin selber zubereitet.

Durchfall verursachen. Solche Umstellungen müssen immer schrittweise erfolgen. Das heißt, anfänglich gibt man vom altgewohnten Futter und vom neuen gleichzeitig, bis man nach ein paar Tagen ganz umstellen kann.
Wichtig ist auch, daß Sie Ihrem Vierbeiner nur soviel hinstellen, wie er aufs Mal essen mag und es soll handwarm sein. Was er nach zehn Minuten nicht gefressen hat, wird weggeräumt, denn Hunde, die den ganzen Tag Zugang zum Futternapf haben, können sich zu schlechten Essern entwickeln. Was immer bereitstehen muß, ist eine Schüssel mit frischem Wasser.
Für ein paar Hundebiscuits oder ein Stück hartes Brot wird Ihr Pudel gerne seine starken Zähne brauchen. Auch Kalbsknochen werden nicht verschmäht, sie gehören aber nicht zur täglichen Ernährung. Die Splitter der kleinen Poulet-Knochen sind zu gefährlich.
Wenn Sie Ihren Vierbeiner gerne an einen Leckerbissen gewöhnen, dann wäre ein Stück Rahmkäse geeignet. Darin ließe sich notfalls auch jedes Medikament verstecken und mühelos verabreichen.
Süßigkeiten gehören nicht in den Hundemagen.
Das Einhalten von regelmäßigen Fütterungszeiten kann auch dem Betteln am Tisch vorbeugen.

Wann zum Tierarzt?

Wenn Sie über das veränderte Verhalten Ihres Vierbeiners verunsichert sind, dann ist es sicher vernünftiger, den Tierarzt um Rat zu fragen, als auf die verschiedenen Ratschläge der Nachbarn zu hören. Je besser Sie Ihren Vierbeiner kennen, desto leichter können Sie beurteilen, wann es nötig ist, den Tierarzt aufzusuchen.

Notfälle sind zum Beispiel stark blutende Verletzungen bei Unfällen oder Beißereien, Verdacht auf Vergiftungen, Knochenbrüche, Fieber mit starkem Durchfall, Insektenstiche mit Kreislauf-Kollaps, plötzliches Erlahmen, Geburtsschwierigkeiten, hohes Fieber einer säugenden Hündin oder das Verschlucken eines Gegenstandes, der entfernt werden muß.

Bringt man seinen verletzten Pudel zum Tierarzt, kann ein Maulkorb gute Dienste leisten, denn Tiere unter Schmerzen können oft unberechenbar reagieren.
Die meisten Besuche beim Tierarzt werden normale Routine-Untersuchungen sein. Dazu gehören zum Beispiel Impfungen, die vorgeschriebenen Augentests oder der HD-Nachweis.

Wenn Ihr Pudel bettelt, sind Sie selber schuld
In der Hundeerziehung ist es immer viel einfacher dem vierbeinigen Schüler etwas beizubringen, als eine schlechte Gewohnheit abzugewöhnen. Darum ist es wichtig, daß Sie als Vorsichtsmaßnahme ein paar einfache Regeln beachten: Zuerst sollten Sie darauf achten, daß schon Ihr kleiner Welpe nie hungrig ist, wenn Sie am Mittagstisch sitzen. Das heißt, Sie sollten ihn kurz vorher füttern. Dann müssen Sie konsequent bleiben. Lassen Sie sich nicht vom durchdringenden Blick erweichen, auch nicht vom »Männchenmachen«. Im Wissen, daß Sie Ihren Vierbeiner soeben mit Futter versorgt haben, sollte Ihnen das nicht schwer fallen. Denken Sie daran: Schlanke Hunde leben länger. Zeigen Sie Ihrem Pudel Ihre Zuneigung lieber in dem Sie sich für ihn Zeit nehmen. Ein wildes Ballspiel oder ein großer Spaziergang sind gesünder als Zusatzhäppchen. Foto: Rolf Hinz

Auch bei starkem Ungezieferbefall kann ein Gang zum Tierarzt nötig werden.

Dank dem regelmäßigen Impfen der Hunde, sind gewisse Hundekrankheiten wie zum Beispiel die Staupe am Aussterben. Sehr zu empfehlen ist eine Schutzimpfung gegen den gefürchteten Parvo-Virus. Die Tollwutimpfung ist vorgeschrieben. Diese sollte man aber nicht vor sechs Monaten machen. Dann muß sie alle zwei Jahre wiederholt werden, bei Grenzübertritten sogar jährlich. Bei ganz kleinen Toypudel-Welpen wird der Tierarzt die jeweiligen Impfungen eventuell auf zwei Portionen aufteilen.

Es ist zu empfehlen, den gekauften Welpen bald zu einer Vorsorgeuntersuchung anzumelden, damit die noch ausstehenden Impfungen vorgeplant werden können.

In der Regel werden die Welpen entwurmt abgegeben. Weitere **Wurmkuren** sind nur bei einem nachgewiesenen Neubefall vorzunehmen.

Kleinere Magenverstimmungen mit Durchfall, aber ohne Fieber, lassen sich oft mittels eines Fastentages oder einer Karotten-Diät kurieren.

Bei wiederholtem Schütteln des Kopfes besteht der Verdacht einer **Ohrenentzündung,** die ebenfalls einer tierärztlichen Behandlung bedarf und bei **starkem Zahnstein-Befall** sollte man eine fachmännische Reinigung unter einer leichten Narkose in Betracht ziehen. Auch **entzündete Augen** sollte man nicht unbehandelt tagelang tränen lassen.
Bei Zwerg- und Toypudeln kann es vorkommen, daß sie plötzlich auf drei Beinen davonhüpfen. Das wird vom Tierarzt meistens als **Kniescheiben-Luxation** diagnostiziert. Er wird entscheiden, ob eine Operation nötig ist. Pudel, die unter dieser Veranlagung leiden, sollten nicht zu Riesenwanderungen gezwungen werden. Sie eignen sich auch nicht als Zuchttiere, da diese Veranlagung vererbbar ist. Im übrigen sind die Pudel beim nötigen Vortraining sehr ausdauernde und freudige Wanderbegleiter.
Bitte berücksichtigen Sie, daß der Pudel im **Zahnwechsel** (im Alter zwischen vier und sechs Monaten)

auf Krankheiten etwas anfälliger ist und lassen Sie ihm in dieser Zeit vom Tierarzt ein **Vitamin-Präparat mit Mineralstoffen** verschreiben.
Bei einem halbwüchsigen Pudel kann es vorkommen, daß ein nicht rechtzeitig ausgefallener Milchfangzahn vom Tierarzt gezogen werden muß, um dem zweiten Zahn Platz zu machen.

Appetitlosigkeit kann verschiedene Gründe haben. Oft ist es eine harmlose Magenverstimmung, die der Pudel mit einem eingeschalteten Fastentag selber heilen kann. **Entzündete Mandeln** oder **schmerzende Zähne** können den Hund ebenfalls am freudigen Fressen hindern.

Falls Ihr Pudel **auffallend viel Wasser trinkt** und gleichzeitig wenig Interesse am Futter zeigt, sollten Sie den Tierarzt darauf hinweisen, denn das könnten Symptome einer **Nierenerkrankung** sein.

Wenn bei einer nicht mehr ganz jungen Hündin der Bauch aufgeschwollen erscheint und sie sich gleichzeitig oft unpäßlich fühlt, kann der Verdacht auf eine **Gebärmuttervereiterung** aufkommen.

Der alte Pudel

Die täglichen Spaziergänge werden allmählich etwas kürzer und die Mahlzeiten sollen nun wieder auf zwei Portionen aufgeteilt werden. Der Fleischanteil wird zur Schonung der Nieren etwas reduziert. Dafür können die anderen Zugaben, vor allem die gekochten Karotten, leicht erhöht werden. Auf größeren Autofahrten und beim Wandern im Sommer sollte immer frisches Wasser mitgeführt werden, denn ältere Hunde leiden schneller unter der Hitze. Auch sollte Ihr Pudel jetzt in einer pflegeleichteren Frisur hergerichtet werden. Nur auf dem Rücken soll er nie ganz kahl geschoren werden, denn der spärlichere Haarwuchs kann die Haut nicht mehr so gut vor der brennenden Sonne schützen. Das gleiche gilt im Winter. Auch auf die Kälte reagiert der alte Pudel empfindlicher.

Oft treten im höheren Alter des Pudels vermehrt Warzen auf. Diese sind aber meistens von gutartiger Natur und können unbehandelt bleiben.

Die Kontrolle der Zähne muß jetzt öfters erfolgen und im Alter ist es besonders wichtig, daß Sie ihren Pudel nicht überfüttern.

Der Nächste bitte ...
Der apricotfarbene Zwergrüde »Doctor's Special Champagne Jazz« ist im Besitz der Züchterin Liisa Jussila in Helsinki
Foto: Kuvakulma

Wichtig ist auch zu wissen, daß kastrierte Hündinnen im höheren Alter leider oft »undicht« werden. Da darunter der Besitzer mehr leidet als der Hund, wird man versuchen müssen, diesem Übel Abhilfe zu schaffen. Beim Tierarzt soll es Hormontabletten geben, die manchmal helfen können. Es braucht aber nicht viel Phantasie, um diesem Übel auch ohne chemische Mittel beizukommen, zum Beispiel mit Papierwindeln.

Ich wünsche niemandem einen blinden Pudel. Die Züchter sind dabei, sich in der Zuchtauswahl sehr darum zu bemühen, daß es nicht passiert. Doch sollte Ihr Pudel im hohen Alter am sogenannten Altersstar erblinden, dann muß das noch kein Grund zum Einschläfern sein. Es ist durchaus möglich, daß er sich am vertrauten Ort mit Hilfe seiner Nase und seiner Ohren noch erstaunlich gut zurechtfinden kann und sich sogar über einen Spaziergang an der Leine freut.

Doch irgendwann ist es dann doch soweit. Der letzte Gang zum Tierarzt wird uns die größte Mühe bereiten. Im Alter hat die Beziehung zwischen Meister und Hund ihren Höhepunkt erreicht. Beide sind bestens aufeinander eingespielt. Der Besitzer bemüht sich, alles zu veranlassen, um seinem Vierbeiner das Leben zu erleichtern und er genießt die anhängliche Dankbarkeit seines treuen Begleiters, bis die Stunden des Leidens kommen und er sich verpflichtet fühlt, helfend einzugreifen. Wenn der Tierarzt die Leiden nicht mehr lindern kann, dann bedeutet das, daß wir uns nun zum Einschläfern entschließen sollen. Diesen schmerzhaften Entschluß sind wir dem Tier schuldig. Zum Glück gibt es viele Pudel, die ein sehr hohes Alter erreichen. Viele werden fünfzehn und sechzehn Jahre alt. Sogar 18-jährige Pudel sind keine Seltenheit. Aber auch ein hohes Alter ändert nichts am tiefen Schmerz des endgültigen Abschiednehmens.
Kein neuer Pudel wird das Loch sofort ausfüllen können, das ein soeben verstorbener hinterläßt. Darum lassen Sie sich besser etwas Zeit, bevor Sie sich einen andern ins Haus holen, denn ein junger Welpe hat das Recht auf Ihre volle Zuneigung und die können Sie ihm vielleicht nicht geben, wenn Sie noch zu sehr um den andern trauern. Bitte denken Sie daran, daß man einen jungen Hund auch überfordern kann, wenn man ihn immer nur mit seinem Vorgänger vergleicht.

Diese Zwergpudel-Hündin fühlt sich mit ihren elf Jahren noch jung.

Die Erziehung

Inzwischen konnten Sie Ihre entsprechenden Fähigkeiten bereits auf die Probe stellen: Ihr Pudel ist stubenrein und leinenführig. Jetzt geht es darum, ihm die wichtigsten Gehorsamsübungen wie »Sitz« und »Bleib« beizubringen. Das sind zwei Grundübungen, die sehr nützlich sein können, zum Beispiel beim Warten vor dem Dorfladen, beim Fotografieren oder zur Sicherheit auf der Straße.
Wichtig ist, daß Sie in der Erziehung Ihres Junghundes nie vergessen, daß Sie mit einem Tier und nicht mit einem Menschen umgehen. Ihr Vierbeiner kann eine Strafe nur verstehen, wenn er sie unmittelbar mit seinem Handeln in Verbindung bringen kann. Ein Lob im richtigen Moment wird seine Wirkung nicht verfehlen. Wer in der Erziehung nie vergißt, daß der Hund nicht wie der Mensch zwischen »Gut« und »Böse« unterscheiden kann (er kennt nur »Angenehm« oder »Unangenehm«), der wird seinen Vierbeiner nicht durch Vermenschlichung überfordern.
Im übrigen ist es sehr viel einfacher, Ihrem Pudel etwas Neues beizubringen, als ihm eine alte Unart abzugewöhnen. Darum ist es besser, von Anfang an konsequent zu sein. Unarten, die Sie beim jungen Pudelchen noch lustig finden, könnten Sie vielleicht am ausgewachsenen Hund stören. Doch für Ihren Pudel wäre es dann schwer zu verstehen, warum Sie sich plötzlich über sein zuvor zugelassenes Verhalten ärgern.

Leider kommen Überforderungen in der Hundeerziehung relativ oft vor. Hier ein Beispiel: Eine Dame, die Ihren Pudel auf ihrem morgendlichen Spaziergang über Land frei laufen läßt, ärgert sich, weil er auf ihr Rufen nicht sofort reagiert. Er verschwindet aus ihrem Blickfeld und sie ängstigt sich. Zu Hause angekommen merkt sie, daß er bereits vor der Türe wartet. Nun will sie ihn zur Strafe noch eine Weile draußen warten lassen, damit er das nächste Mal weiß, daß er ihr gehorchen muß. Solche Strafen nützen natürlich nichts, denn der Pudel kann sie nicht mit seinem Handeln in Verbindung bringen.
Der Pudel braucht übrigens keinen Meister, der gerne viel und laut kommandiert, denn durch seine aufgeweckte und anhängliche Art merkt er sehr schnell, was man von ihm erwartet.

In der gezielten Hundeerziehung wird versucht, die Triebveranlagung optimal auszunutzen. So läßt sich der Pudel relativ leicht über den Spiel-, Beute- oder Hütetrieb zu einer Leistung motivieren und als ehemaliges Rudeltier ist auch er mit sozialen Fähigkeiten

ausgestattet, die ihm erlauben zu spüren, wie er seinem »Leittier« Mensch gefallen kann. Der Erfolg der Erziehung liegt vor allem darin, dem Pudel unsere Wünsche so zu vermitteln, daß ihm die Ausführung Spaß macht.

Nützliche Tips im Umgang mit dem Pudel finden Sie auch im »ABC für Hundehalter« von Urs Ochsenbein.

Die Grunderziehung

Text und Bilder von Urs Ochsenbein

Für den Pudel, ob groß oder klein, der aus dem Welpenzwinger zu uns gekommen ist, wirkt alles, was er nun vorfindet, neu und beeindruckt ihn stark. Deshalb beschränken wir uns darauf, die nötigsten Tabus zu setzen. Das heißt, wir geben ihm zu merken, was er tun darf und was nicht.
Wann aber sollten wir – darüber hinausgehend – mit der eigentlichen Erziehung beginnen? Grundsätzlich dann, wenn sich zwischen uns und dem jungen Tier eine genügend starke Bindung ergeben hat. Ein Anhaltspunkt dafür ist, wenn der kleine Hund uns beim Spazieren aus eigenem Antrieb gut nachfolgt. Natürlich wird er bei Ablenkungen wie spielenden Hunden, verlockenden Gerüchen oder andersartigen Tieren noch zurückbleiben oder vorprellen. Dort aber, wo nichts Derartiges ihn reizt, und er sich immer wieder uns anschließt, ohne daß wir ihn gerufen haben, ist dies ein untrügliches Zeichen, daß sich seine Beziehung zu uns gefestigt hat. Jetzt können wir mit der grundlegenden Erziehung beginnen, ohne ihn zu überfordern. Dazu gehört vor allem das Herbeirufen.
Damit sollten wir aber nicht anfangen, weil sowohl uns als auch dem Hund noch einige Vorkenntnisse fehlen. Um diese zu erwerben, fangen wir mit den einfacheren Übungen an, wie sie im folgenden beschrieben werden. Es geht für uns darum, zu lernen, wie man sich mit dem Hund verständigen kann. So erhalten wir Einblick in die Art des hundlichen Lernens und erkennen das im Vergleich zum Menschen – auch zum Kind – begrenzte Auffassungsvermögen des Hundes.

Die vier Grundübungen

1. Gehen und Wenden

Wir wählen dazu einen Weg, noch besser einen Waldweg. Dort bewegen wir uns mit dem angeleinten Hund zügig ausschreitend. Üben wir auf freiem Feld, gehen wir auf markante Zielpunkte zu, damit wir uns geradlinig fortbewegen. Das ist wichtig, weil dadurch das Raumgefühl des Hundes angesprochen wird. Die Wendung erfolgt stets rechtsumkehrt, und sie wird nicht im Bogen, sondern auf einem Punkt durchgeführt.

Die Leine wird am äußersten Ende mit der rechten Hand gehalten, der Hund befindet sich an unserer linken Seite. So wird er bei der Wendung mitgenommen. Diese erfolgt jeweils nach etwa 15 bis 20 Metern und wird mehrmals wiederholt. Bei diesem Hin- und Hergehen bleiben wir stumm, damit sich der Hund an unserer Bewegungsweise orientiert und uns bald von selbst nachfolgt. Nach einigen Wendungen wird der Hund merklich aufmerksamer und gefügiger an unserer Seite gehen. Jetzt brechen wir die Übung ab und loben den Hund.
Jede weitere Grundübung wird mit dem Gehen und Wenden eingeleitet.

2. Gehen, Anhalten und Setzen

Geht der Hund im Laufe der ersten Übung gut an unserer Seite, wobei die Leine locker durchhängt, leiten wir diese zweite Übung ein, indem wir die Leine mit der linken Hand senkrecht anheben und danach den Schritt verlangsamen bis zum Stillstand.
Da der Hund im Halsband etwas angehoben wurde, setzt er sich oft selbst. Tut er es nicht, bleibt die Leine straff gespannt und wird von der rechten Hand übernommen.
Mit der linken Hand wird nun die Kruppe des Hundes angetippt, bis er sich setzt. Hat sich der Hund gesetzt, richten wir uns auf und warten entspannt etwa zwei Sekunden, bevor wir gedehnt »Siiiitz« sagen und dabei die Leine sachte senken. Nach einer weiteren Pause, die wir entspannt neben dem Hund stehend verbringen, loben wir den Hund kurz. Hebt er dabei ab, sagen wir in ruhigem Ton »Nein«, wonach wir den Hund erneut wie oben beschrieben zum Sitzen bringen.
Nun wird wiederum eine Pause eingelegt, bevor wir nach einem ruhig gesprochenen »Komm« uns mit dem Hund in Bewegung setzen. Oder wir leinen ihn ab, richten uns auf, warten zwei Sekunden und ermuntern dann den Hund zum Freilaufen. Dabei wird man noch unerfahrene Hunde nach dem Lösen der Leine anfangs noch am Halsband festhalten.
Schräges sich Hinsetzen des Hundes korrigiert man erst, wenn sich der Hund schon etwas an die Übung gewöhnt hat. Die Leine bleibt dann ebenfalls straff angehoben und wird von der rechten Hand übernommen. Mit der linken Hand schieben wir den Hund an unsere Seite, richten uns auf und legen die obligate Pause ein, bevor wir die Übung zu Ende führen.
Sobald der Hund nach dem Gehen und Anhalten sicher zu sitzen pflegt, gehen wir zur dritten Grundübung, dem Bleiben, über. Anhalten und Setzen können oft geübt werden, am wirksamsten ist dies bei der Anwendung in der Alltagspraxis. So bei einem Straßenübergang oder zu Beginn und am Ende einer Treppe.

3. Bleiben

Mit der zweiten Grundübung haben wir den Hund neben uns zum Sitzen gebracht. Dies ist die Ausgangsposition.
Nach einer Pause halten wir dem Hund unsere linke Handfläche vor den Kopf und sagen gleichzeitig ruhig (nicht im Befehlston) »Bleib«. Sogleich nehmen wir die Hand wieder weg und warten aufgerichtet und entspannt zwei Sekunden.
Danach treten wir entschlossen vor den Hund. Bleibt er nicht sitzen, sagen wir ruhig »Nein«, bringen den Hund wieder gemäß der zweiten Grundübung zum Sitzen, wobei wir an derselben Stelle stehen wie zu Anfang. Danach beginnen wir die Bleibübung von vorn.
Bleibt der Hund jedoch sitzen, nachdem wir vor ihn getreten sind, warten wir entspannt, wobei wir zuerst nur wenige Sekunden verweilen, später aber länger. Es ist dies die Wartephase, auf die es am Ende ankommt. Wir blicken in dieser Position den Hund nicht an. Wenn er sich hinlegt, reagieren wir nicht. Während der Grundübungen wird überhaupt kein Unterschied zwischen dem Sitzen und Liegen des Hundes gemacht, er muß nur bleiben.
Sollte der Hund jedoch während der Wartephase abheben und zu uns kommen oder auch nur stehenbleiben, gehen wir in die Ausgangsposition zurück und beginnen die Arbeit ganz von vorn. Grundsätzlich soll der Hund nie während der Bleibübung korrigiert werden, es wird bei jedem Fehler neu damit begonnen. Damit fügen sich für den Hund die einzelnen Handlungsteile zu einem Ganzen zusammen, das ihm fast zum Ritual wird. So erlangt er eine große Sicherheit in der Durchführung.
Bevor wir nun zum Hund zurücktreten, halten wir ihm die Handfläche erneut vor den Kopf und sagen gleichzeitig, aber nur solange die Hand vorn bleibt, »Bleib«. Nach der obligaten Pause von zwei Sekunden treten wir dann zu ihm zurück, bleiben jedoch noch aufgerichtet und entspannt stehen. Erst danach wird der Hund kurz mit »Brav Bleib« gelobt. Es ist sehr wichtig, daß nun wiederum eine Pause erfolgt,

weil sonst der Hund das Lob sehr rasch als das Zeichen auffaßt, daß die Arbeit beendet sei und er sich frei bewegen dürfe.
Der Hund hat also nach dem Lob am Ende der Bleibübung noch eine Weile neben uns zu sitzen, bevor wir ihn dann entweder zum Mitkommen oder zum Freilaufen ermuntern, dies genauso, wie es am Ende der zweiten Grundübung beschrieben ist.

Bemerkungen
Bei der Bleibübung lernt nicht nur der Hund, sondern ebenso sein Besitzer, was eigentlich der Begriff Konsequenz bedeutet. Beide haben sich nämlich an eine sich stets gleich bleibende Handlungsfolge zu halten. Dieses miteinander Lernen fördert die gegenseitige Verständigung zwischen Meister und Hund in überraschender Weise. Aber es belastet den Hund stark, weshalb die Bleibübung zu Anfang nie länger als fünf Minuten dauern sollte.
Es gibt Hunde, die sehr schnell merken, was hier von ihnen verlangt wird, aber auch solche, die mehrmals unerwünscht reagieren, indem sie beim Vortreten des Besitzers mitgehen.
Das darf nun den Besitzer nicht aus der Ruhe bringen und ärgerlich oder gar böse stimmen. Damit würde er den Hund nur verwirren und vom Lernprozeß ablenken. Sein Vorgehen wie seine Stimmung sollen sich stets gleich bleiben, auch wenn es zu Anfang einiger Wiederholungen bedarf, bis der Hund gemerkt hat, was man von ihm verlangt, und es nun auch mit großer Sicherheit ausführt.
Am besten faßt der Besitzer die Bleibübung als Entspannungsübung für sich selbst auf. Dann wird er sich über die Fehler des Hundes nicht ärgern, sondern in aller Ruhe das Hörzeichen »Nein« sprechen und die Übung von vorn beginnen. Wie die Erfahrung immer wieder zeigt, erlangt der Besitzer durch dieses, sein konsequentes Verhalten zunehmend Einfluß auf den Hund. Im Hund dagegen wächst das Vertrauen zum Chef. Selbst sehr temperamentvolle Hunde sind auf diese Weise unter Kontrolle zu bringen. Voraussetzung bleibt freilich, daß die Grundübungen mit ihren Pause und Handlungsteilen exakt durchgeführt werden.
Bei der Erziehung und Ausbildung eines Hundes geht es eben nicht darum, möglichst viel und rasch zu lernen. Im Gegenteil, der Erfolg tritt dann bald ein, wenn wenig verlangt aber exakt geübt wird. Der Hund braucht Zeit, um rasch zu lernen.

Nächste Doppelseite:

1 Beim Gehen wird die Leine angehoben und der Schritt bis zum Stillstand verlangsamt.

2 Setzt sich der Hund nicht von selbst, übernimmt man die Leine mit der rechten Hand und tippt mit den Fingern der linken Hand die Kruppe des Hundes an.

3 Erst jetzt wird die Leine langsam gesenkt und das Halsband entlastet, wobei man gedehnt und freundlich das Hörzeichen »Siiitz« gibt.

4 Schalten wir nun eine Pause von mindestens zwei Sekunden ein, wobei wir entspannt neben dem Hund verweilen, merkt er rasch, wofür er danach gelobt wird, und er lernt so überraschend schnell.

5 Das Lob erfolgt kurz durch freundliches Auflegen der Hand.

6 Mit einer weiteren Pause wird die Übung »Gehen, Anhalten und Setzen« beendet. Danach spricht man »Komm« und geht weiter.

7 Man hat mit der Übung »Gehen, Anhalten und Setzen« begonnen, und hält nun die geschlossene Handfläche vor den Kopf des Hundes, wobei man ruhig »Bleib« sagt. Sogleich wird die Hand wieder zurückgenommen. Damit der Hund rasch lernt, braucht er Zeit. Deshalb verweilen wir etwa 2 Sekunden entspannt neben ihm, bevor wir weitergehen in der Bleibübung.

8 Nun treten wir entschlossen (nicht zögernd) vor den Hund. Folgt er uns, hört er unser ruhiges »Nein«, wonach die Übung von vorn neu begonnen wird.

9 Die Wartephase kann später nach Belieben ausgedehnt werden, sollte jedoch zu Anfang nicht mehr als 10 Sekunden betragen. Wichtig ist, daß wir dabei entspannt und bewegungslos verweilen und den Hund nicht anschauen.

10 Nach erneut ruhig und verbunden mit dem Sichtzeichen (flache Hand) gesprochenem »Bleib« und der obligaten Pause von 2 Sekunden ...

11 ... treten wir zum Hund zurück.

12 Ruhig warten wir 2 Sekunden, bevor wir den Hund mit kurzem Handauflegen und dem Hörzeichen »Brav Bleib« loben. Ganz wichtig ist, daß wir diese Pause danach nochmals einlegen, bevor wir nach dem Hörzeichen »Komm« weitergehen.

1

2

3

4

5

6

7

8

9

10

11

12

4. Das Herbeikommen

Das Gelingen dieser Übung hängt ebenfalls vom konzentrierten und stets gleichförmig bleibenden Vorgehen des Besitzers ab. Wer hier flüchtig arbeitet, sollte es lieber bleiben lassen. Bemüht man sich jedoch genau zu sein, bleibt der Erfolg nicht aus. Hat der Besitzer gelernt, wie er sich verhalten muß, damit der Hund merkt, was von ihm verlangt wird, wird dieser sich bald einmal sicher herbeirufen lassen.

Wir arbeiten mit einer Hilfsperson, die dem Hund nicht allzu vertraut sein sollte. Am besten suchen wir uns eine Stelle aus, die kanalisierend wirkt, also einen Waldweg oder ein Sträßchen zwischen Böschungen. Der Ort sollte wenig Ablenkung bieten und nicht stark begangen sein.

Die Hilfsperson hält den Hund zurück, während wir uns wortlos auf etwa 20 bis 30 Meter entfernen. Die Leine führen wir umgehängt oder in der Tasche mit. Wir halten an und wenden uns in Richtung Hund um. Bewegungslos stehenbleibend zählen wir langsam auf zwanzig. Auf unser stets nur einmal zu gebendes »Komm« gibt die Hilfsperson den Hund frei. Er eilt auf uns zu. Bis jetzt sind wir bewegungslos stehen geblieben, auch als wir gerufen haben, und das tun wir weiterhin. Dies selbst dann, wenn der Hund an uns vorbeirennt. In den meisten Fällen wendet sich der Hund uns wieder zu. Ist er in greifbarer Nähe, erfassen wir ihn am Halsband, heben es an und bringen den Hund wie bei der Grundübung 2 (Setzen) an unserer linken Seite in Sitzstellung. Danach senken wir das angehobene Halsband unter dem Hörzeichen »Siiitz«. Es ist dies das erste Wort, das er von uns hört. Danach richten wir uns auf und bleiben entspannt neben dem Hund stehen. Hebt er ab, bringen wir ihn wie zuvor zum Sitzen. Erst nach dieser sehr wichtigen Pause loben wir den Hund mit »Brav Komm«, worauf wir uns wiederum aufrichten. Der Hund wird somit nicht für das Herbeikommen, sondern für das ruhig neben uns Sitzenbleiben gelobt. Diese Position wird für ihn zu einer erwünschten Endstellung, die er beim Ertönen des Rufes bald einmal gerne und sicher einnehmen wird.

Nach einer weiteren Pause leinen wir den Hund an. Auch dabei hat er sitzen zu bleiben. Tut er es nicht, korrigieren wir ihn wie zuvor.

Erst nach einer weiteren Pause ermuntern wir den Hund mit »Komm« zum Weitergehen. Wir können ihn aber auch ableinen und erst nach einer nochmaligen Pause zum Freilaufen auffordern.

Herbeikommen
Wortlos hat sich die Besitzerin entfernt...

Ist er nahe genug, wird er herbeikommen und genau wie bei der Übung »Gehen, Anhalten und Setzen« zum Sitzen in der Endposition gebracht.

...und sich in einer Distanz von 20 bis 30 m aufgestellt. Jetzt zählt sie langsam auf 20, wonach sie den Hund klar und kurz, aber nur einmal, ruft.

Der Hund läuft interessiert zur bewegungslos und entspannt verweilenden Besitzerin.

Man schaltet nochmals eine Pause von mindestens 2 Sekunden ein...

...bevor man den Hund kurz lobt, wobei er nicht aufstehen darf. Bleibt er sitzen, ist die Abrufübung beendet.

»Irina aus dem Schneckenhaus« von Gisela Mücke macht es richtig. Im Auto gehören die Hunde auf den Rücksitz und ausgestiegen wird erst auf Kommando.
Wenn Sie Ihren Pudel für kurze Zeit im Auto lassen, nehmen Sie ihm die Leine ab, damit er sich nicht darin verstricken kann. Beachten Sie, daß die Temperatur in einem an der Sonne parkierten Auto schnell auf eine gefährliche Höhe steigen kann.

Der Pudel als angenehmer Reisebegleiter

Ein Pudel mit vollem Familienanschluß wird sich von klein auf an belebte Straßen, ans Bus-, Straßenbahn-, Zug- und Autofahren gewöhnen, so daß man mit ihm auf Reisen kaum Schwierigkeiten haben wird. Er genießt es sehr, in Ihrer Nähe zu sein. Es ist auch nicht einzusehen, warum Ihr Vierbeiner ausgerechnet in den Ferien, wenn Sie besonders viel Zeit für ihn haben, in ein Tierheim abgeschoben werden soll. Hundebesitzer, die gewohnt sind, mit ihrem Vierbeiner zu reisen, klären vorher ab, ob ihr Hund an der ausgesuchten Unterkunft erwünscht ist und was für Impfungen bei einem Grenzübertritt verlangt werden.

Im Zug muß man für den vierbeinigen Begleiter meistens eine Kinderfahrkarte zweiter Klasse lösen. In der Schweiz sind kleine Hunde, die in einer Tasche oder in einem Korb transportiert werden können, gratis. Im Zug dürfen sich die Hunde entweder in einer Tasche, auf dem Schoß des Meisters oder am Boden aufhalten, aber nicht auf einem Sitzplatz.
Viele werden per Auto in die Ferien fahren. Aus Sicherheitsgründen plaziert man den Pudel auf dem Rücksitz, und man sollte ihm von klein auf beibringen, daß er beim Anhalten erst auf ein entsprechendes Kommando das Auto verlassen darf. So kann man

Falls Sie gerne an einen Strand fahren, dann denken Sie daran, daß Ihr Pudel immer einen Schattenplatz braucht. »Diamant Rayon d'Soleil« von Judy Domke aus Wahlstedt genießt hier die kühle Strandluft der Nordsee.

verhindern, daß er unverhofft auf eine verkehrsreiche Straße rennt. Was Sie auf jeden Fall mit dabei haben müssen ist Wasser. Es wäre schlimm, wenn Sie Ihren Vierbeiner im Stau in der Sommerhitze nicht mit dem nötigen Naß versorgen könnten. Pudel, die das Autofahren noch nicht gewohnt sind, sollte man nicht mit einem gefüllten Bauch reisen lassen. Ein Hungergefühl stört den Pudel weniger, als wenn er das Gefressene erbrechen müßte.

Dann ist es auch wichtig, zu wissen, daß man dem Pudel im Sommer vor der Abreise in den Süden das Fell auf dem Rücken nicht ratzekahl wegschneiden lassen sollte, denn die Pudelhaut ist es nicht gewohnt, der prallen Sonne ausgesetzt zu werden. Schlimme Verbrennungen oder ein Sonnenstich könnten die Folge sein. Ganz junge und sehr alte Pudel sind in dieser Beziehung empfindlicher, denn ihr Haarwuchs ist spärlicher.

Im Kapitel Ernährung wurde bereits darauf hingewiesen, daß man möglichst keine abrupte Fütterungsumstellung vornehmen sollte. Das gilt natürlich auch für die Ferien. Eine Magenverstimmung mit Durchfall könnte im Hotel besonders unangenehme Folgen haben. In allen südlichen Ländern ist es auch von Vorteil im Trinknapf das Leitungswasser durch Mineralwasser (ohne Kohlensäure) zu ersetzen. Denken Sie daran: Nicht überall ist ein Tierarzt so leicht zu erreichen wie zu Hause. Vielleicht lassen Sie sich vor der Abreise für Ihren Vierbeiner noch eine kleine Hunde-Notapotheke zusammenstellen, immer in der Hoffnung, daß sie nicht gebraucht werden muß.

Diese drei sportlichen Gipfelstürmer genießen die Ferien in den Bergen. Als gut trainierte Wanderer nehmen sie mühelos vier- bis fünfstündige Bergtouren unter ihre Pfoten.
Foto: R. Engler

Der Leistungspudel

Der Pudel soll nicht mehr länger unter seinem Image als verzärtelter Nichtsnutz leiden!

In England und in Kanada hat man schon lange entdeckt, daß dieser Hund zu Außerordentlichem fähig ist. Daß er im Zweiten Weltkrieg auch als Meldehund eingesetzt wurde, ist eher ein trauriges Kapitel.
Aus dem Archiv von Anne Nagel aus Hamburg läßt sich dazu von F. Bazille folgendes zitieren (aus dem Vorwort zum Körbuch für Rüden und Hündinnen 1942 der »Fachschaft für Pudel e.V. München«): ...denn der große, ja selbst der kleine Pudel mit über 40 cm Widerristhöhe, eignet sich zum Dienst bei der Wehrmacht und Polizei als Melde- oder Schutzhund... Es sind auch in der Tat einige schwarze Pudel als Meldehunde eingestellt und sie sollen sich im Dienste als recht brauchbar erwiesen haben ..., und bei der Prüfung der Schußgleichgültigkeit, der Tapferkeit und des Kampftriebes des großen und kleinen Pudels werden die selben Maßnahmen verlangt, wie bei den sechs Gebrauchshundrassen. ...« (Arme Hunde!)

Heute hört und liest man immer wieder von erstaunlichen Leistungen dieses Hundes, die erneut beweisen, daß er nicht allein zum Schönsein geboren wurde. Es ist zum Beispiel dokumentarisch festgehalten, daß kleine Pudel schon vor der Jahrhundertwende sehr erfolgreich für die Trüffelsuche abgerichtet wurden. Heute hat man sich in Frankreich die leichte Motivierbarkeit des Pudels in seiner Ausbildung zum Drogensuchhund zunutze gemacht.

Wenn in längst vergangenen Zeiten die Ahnen unseres Großpudels als tapfere Kriegshunde ihren treuen Dienst zu leisten verstanden, hat man heute seine Fähigkeiten zum Blindenführhund und zum Rettungshund entdeckt. Vereinzelte haben es auch geschafft, die Jagdhundeprüfung zu bestehen, und beim erfolgreichen Training zum Schutzhund kommt dem Pudel die ehemalige Verbindung zum alten Hütehund zugute.

Jeder Pudelbesitzer weiß, daß die Fähigkeit seines Hundes, Gegenstände zu bewachen besonders stark ausgebildet ist.

Die nachfolgenden Seiten mit den Bildern aus des Pudels »Arbeitswelt« sollen das schiefe Bild dieses Hundes wieder ins Lot bringen.

Außergewöhnliche Pudelpersönlichkeiten

Champion King Leo of Piperscroft CDX wurde am 3. April 1930 geworfen. Er war einer der ersten, der neben seinen Schönheitstiteln auch spielend sechs erste Preise in ***Obedience*** *gewann. Er war ein brauner Großpudel und seine außerordentliche Leistungsfähigkeit konnte auch an einer Spezialvorstellung im Kristallpalast in London bewundert werden. Über fünf Generationen zurück stößt man in seinem Stammbaum auf den Champion Orchard Admiral, dessen Vorfahren zum Teil auch in Deutschland zu finden waren.*

Der »Beste Schäferhund« war ein Pudel.
Unter diesem Titel wurde vor einiger Zeit »Julchen vom Bergalmschlößle« geehrt, als sie zum dritten Mal den Wanderpreis für den »Besten Schäferhund« gewann. So kam es, daß an »Julchens« Meisterin das Hundeführer-Sport-Abzeichen des Vereins für Deutsche Schäferhunde abgegeben werden mußte. Auch das Fernsehen interessierte sich damals für diesen erfolgreichen Pudel.
Wer hätte das gedacht? Sicher am wenigsten die Besitzer der deutschen Schäferhunde, die auf ihrem Übungsplatz bei Heidelberg eifrig trainierten, als da plötzlich ein Pudel auftauchte, der mitmachen wollte. »Julchens« Anwesenheit wurde anfänglich mit einem mitleidigen Lächeln zur Kenntnis genommen. Kurz vorher ereignete sich in der Schweiz etwas Ähnliches: Die braune Zwergpudel-Hündin »Cilla v. Elfenblick« bestand die ***Schutzhunde-Prüfung.*** *Die Trainerin dieser aufgeweckten Zwergin war Fräulein Läubli, die wir heute als Lisbeth Mach kennen. Auf der langen Rangliste stand sie mit ihrem gut trainierten Winzling sogar auf dem ehrenwerten 3. Platz, mitten unter Schäferhunden.*

Pudelrennen

Die ersten Pudelrennen waren schon in den fünfziger Jahren ein großer Spaß. Auch heute werden jährlich zum Vergnügen der Zwei- und Vierbeiner von den Pudelclubs solche Rennen organisiert. Da geht es völlig anders zu als bei einem ernsten Windhunderennen. Hier werden weder zum Training noch zum Rennen irgendwelche Hasen, Katzen oder Attrappen die Rennlustigen anspornen. Der ganze Ansporn für die große Leistung ist die Liebe des Hundes zu seinem Meister. Am Start werden die Pudel von Helfern am Halsband festgehalten. Wenn es ganz offiziell zugeht, bindet man dem Pudel noch eine Nummer auf den Rücken. Dann entfernt sich der Besitzer oder die Besitzerin und begibt sich hinter die Ziellinie - immer in der Hoffnung, den Blickkontakt mit ihrem Liebling nicht zu verlieren. Auf Kommando geht es los. Dann werden alle möglichst gleichzeitig losgelassen, und jeder Pudel rennt unter den anspornenden Zurufen so schnell es ihm möglich ist in die Arme seines Meisters.

Die sogenannten »Einmann-Hunde«, die sich ganz auf ihre Bezugsperson fixieren, haben an den Pudelrennen die größten Gewinnchancen, denn sie lassen sich durch nichts ablenken. Ihr ganzer Ansporn ist der Wunsch, möglichst schnell bei ihrem Betreuer anzukommen.

Schön und leistungsfähig
Der schwarzen Mittelpudel-Hündin »Sybilla der schwarze Joker« von Inge Pakosch aus Salzburg wurden 15 Schönheits-Champion-Titel, 48 CACIB und 31 BOB zugesprochen. Das ist ein ganz besonderer Erfolg, denn dieser Pudel wurde immer in der allgemein gefälligen Modeschur gezeigt, mit der man bei den Schönheitsrichtern oft Mühe hat, auf den ersten Platz zu kommen. Doch »Jasmin« (so wird sie gerufen) war nicht nur als erfolgreiche Ausstellungs-Hündin bekannt, sie hat sich auch im Leistungssport einen Namen gemacht. Sie begann wie die meisten lernfreudigen Pudel mit der Begleithundeprüfung, anschließend absolvierte sie auch die Fährtenhunde-Prüfungen erfolgreich. Die Krönung ihrer Leistungen bestand im Gewinn des österreichischen Gebrauchshunde-Cups 1988, wo »Jasmin« vor einem Deutschen Schäferhund und einem Dobermann auf dem ersten Platz stand. Die Züchterin dieser Hündin ist Sigrid Kalina.

Agility

Dieser fröhliche Hundesport auf sechs Beinen kommt ursprünglich aus England und er hat inzwischen ganz Europa begeistern können.
Beobachtungen haben gezeigt, daß Agility-Parcours auf die Hunde neben dem **Fitness-Training** für den Körper auch auf die Psyche einen guten Einfluß nehmen können. Der fröhliche Ansporn des Besitzers und das Lob über einen geglückten Sprung wirken sich beim aufgeweckten Pudel besonders anregend aus. Durch vielseitige Parcours können die Pudel leicht auf eigene Ideen für die Bewältigung von Hindernissen kommen, und unser freudiges Staunen darüber kann sogar zurückgezogenen Hunden zur erwünschten Persönlichkeitsentwicklung verhelfen.

Der berühmteste Schweizer Agility-Pudel ist »Black-Sweet-Balou Crespo« (geworfen am 14. Mai 1990) von Brigitte Rüegg aus Zürich (CH). Er schaffte es 1994 zum **Mini-Agility-Schweizermeister-Titel.** Auf dem zweiten Platz stand ein Tibet-Terrier gefolgt vom weißen Zwergpudel »Froufrou« von Theo Hürlimann.

Auch Ausstellungspudel sind von diesem Hundesport begeistert. Hier sehen wir Tête-à-Tête vom Swenter Moor (gezüchtet von Inge Flocken), im Besitze von Edgar Friedrich. Foto: Roberto

Brigitte Rüegg bezeichnet diesen Sport als Spaß auf sechs Beinen, der mit einem Concours Hippique vergleichbar wäre. Der Hund muß verschiedene Hindernisse in einer vorgegebenen Reihenfolge durchlaufen. Der Führer des Hundes rennt mit, aber der Hund, der ohne Halsband und ohne Leine mitmachen muß, darf nicht berührt werden, nur die Stimme darf zum Locken zu Hilfe kommen. Sie erwähnt, daß die Hunde von dieser Sache so begeistert sein können, daß man sie oft bremsen muß. »Balou's« große Stärke ist die Schnelligkeit, die bei diesem Sport ebenfalls eine Rolle spielt. Sein Lieblingshindernis ist der Slalom, der andern Hunden besonders zu schaffen macht.

Der Pudel als Blindenführhund

Der weiße Königspudel »Osi« war der erste Schweizer Großpudel, der zum Blindenführhund ausgebildet wurde. Seither zeigt er Maria Ebersold aus Winterthur freudig, was er gelernt hat. Zwischen den beiden hat sich inzwischen eine innige Beziehung entwickelt.
»Osi« ist nicht der einzige Großpudel, der die anspruchsvolle Blindenführausbildung erfolgreich bestanden hat. Inzwischen gibt es in der Schweiz gesamthaft bereits fünf Großpudel, die auf diese Arbeit spezialisiert wurden.
Diese Blindenführhunde werden von einem Instruktor aus einem Wurf von 3 Monate alten Welpen ausgesucht. Es soll ein unerschrockener, zutraulicher und neugieriger Welpe sein. Dieser Welpe verbringt vorerst seine unbeschwerte Jugendzeit bei einer Junghundetrainerin, die ihm bereits erste nützliche Gewohnheiten beibringen kann. So soll er zum Beispiel nicht stürmisch aus dem Haus oder über Treppen rennen. Auch vor dem Überqueren der Straße lernt er, einen Halt einzuschalten. Dabei gewöhnt man ihn bereits an die Sprache der Blindenführhunde-Schule: die kurzen Anweisungen werden in italienischer Sprache ausgesprochen (sed, a terra, resta, ferma piede, brava ...)
Dem Junghund müssen bereits die wichtigsten Reize zugeführt werden, damit er möglichst früh lernt, sich angstfrei im Stadtverkehr, auf dem Bahnhof, in Restaurants, im Lift, Zug und Tram zurechtzufinden.
Blindenführhunde werden kastriert und zwar noch bevor sie in die eigentliche Ausbildung genommen werden. Schon vor der Ausbildung ist es bei diesen Hunden besonders wichtig, daß sie sich keine

Unter den Zwergpudeln gibt es richtige Agility-Fans. Die Hündin »Froufrou« von Theo Hürlimann, stand letztes Jahr am Schweizermeister-Mini-Agility-Wettbewerb auf dem dritten Platz. Am Mini-Agility-Wettbewerb können nur Hunde mit einer Schulterhöhe von unter 40 cm teilnehmen. Für die größeren ist der Standard-Agility-Parcours vorgesehen. Foto: Maja Tonella

Schweizermeister Balou in Aktion. Foto: Peter Rüegg

Hier sehen wir den gut ausgebildeten Apricot-Pudel »Icare« voll konzentriert bei der Arbeit. Patrick Mandrier ist von der sympathischen, anhänglichen, verspielten und aufgeweckten Art des Pudels sehr beeindruckt und er betont, daß ihm diese Qualitäten bei der Ausbildung sehr zugute kommen. Gleichzeitig ist es ihm wichtig, zu betonen, daß man bei einer solchen Arbeit immer beachten soll, daß man dem Tier gerecht bleibt und daß es im eigenen Eifer nach einem guten Resultat nie überfordert wird.
Diese Informationen und Bilder wurden freundlicherweise von der Ecole Nationale des Brigades des Douanes in La Rochelle (F) zur Verfügung gestellt.
Fotos: Jean-Pierre Rassez

»dummen« Gewohnheiten aneignen, denn das Abgewöhnen einer solchen kann viel unnötige Zeit beanspruchen. Diese Erkenntnis ist inzwischen auch in der gewöhnlichen Erziehung der Hunde zu einem nützlichen Grundsatz geworden. Lob und Ermunterung sind die Zauberworte der anschließenden anspruchsvollen Ausbildung.

Der Drogensuchpudel

Im März dieses Jahres war in der Tagespresse folgende Meldung zu lesen: »Lille (F). Dank der feinen Nase eines Pudels hat der französische Zoll fast 3,7 Tonnen Cannabis-Harz an Bord eines niederländischen Schiffes entdeckt. Zwei Tage durchsuchten die Beamten das Schiff bevor der Pudel Haddock die Drogen in einem Versteck zwischen Maschinen- und Lagerraum ausmachte.«

In Frankreich haben die Zollbehörden unter den Drogensuchhunden auch 18 Pudel ausgebildet, und zwar alles Zwerge von einem Gewicht von nur ca. 5 kg. Diese bieten den großen Vorteil, daß sie leicht an unzugängliche Stellen gebracht werden können. Patrick Mandrier, der Ausbilder dieser Hunde, erklärt, daß es sehr angenehm ist, mit Pudeln zu arbeiten, weil sie besonders leicht motivierbar sind, was für diese Arbeit von großer Bedeutung ist. Man muß wissen, daß es nicht die Nase allein ist, die aus einem Hund einen Drogensuchhund machen kann. Es ist vor allem die Kunst, ihn durch ein belohnendes Spiel zur Suche anspornen zu können. Darum betont Patrick Mandrier, es gäbe keine schlechten Hunde, nur schlechte Lehrmeister. Die Ausbildung geht im übrigen ganz ähnlich vor sich wie das schon bei den Trüffelsuchhunden erklärt worden ist, mit dem Unterschied, daß die Belohnung nicht in einem Stück

»Cobold vom Großen Wannsee« aus Berlin ist der große Star und der Stolz seiner Züchterin Edelgard Mechsner. Er war der erste Pudel in Deutschland, der die ***Rettungshunde-Prüfungen*** *des Bundesverbandes für das Rettungswesen und des Deutschen Roten Kreuzes bestanden hat. Auch hier liegt die Kunst der Ausbildung in der richtigen Motivation des Hundes. Er muß lernen, Kommandos aus der Ferne zu beachten. Mit viel Geschick müssen für diese Prüfung Leitern, Wippen und Treppen überquert werden. Dann wird trainiert, in einem Trümmerfeld nach Verschütteten zu suchen und vor allem auch das Auffinden richtig anzuzeigen. Das wird entweder mit Verbellen oder mit einer Bringsel-Methode geübt. In der Ausbildung zur Flächensuche auf dem Feld, im Wald und im Gebüsch ist nicht nur die leichte Motivierbarkeit des Pudels von Vorteil, sondern auch seine Lust, weite Strecken zu laufen.*
Doch Cobolds Talente sind damit noch nicht ausgeschöpft. Er macht auch bei den akrobatischen Kunststücken mit, die seine Meisterin für ihre ganze Pudelgruppe einstudiert hat. Neustens wurde er sogar als Filmstar vom Fernsehen engagiert. Bei der Ausschreibung der Rolle wurde noch speziell geschrieben: »Bitte keine Pudel.« Am Ende war es aber doch der braune Großpudel »Cobold«, dem die Rolle zugeschrieben wurde, mit der Auflage, daß er nicht geschoren werden soll. Darum zeigt sich der große Filmstar hier in dieser Aufmachung. Neben seinen Auftritten im Fernsehen, sah man ihn auch in zwei Kinofilmen. Seine Gage: 200 Mark pro Tag. Foto: F. Thieleke

Butterbrot besteht, sondern in einem Spiel mit einer »Frotté-Wurst«, das den Hund durch seinen Beutetrieb leicht in große Begeisterung versetzen kann. Zum Training der Hunde wird der Geschmack der Droge mit dem Spielzeug in Verbindung gebracht, mit dem gespielt werden darf, sobald es aufgefunden worden ist. Auch hier geht es darum, daß der Fund nur angezeigt werden soll. Entgegen falscher Behauptungen sind die Drogensuchhunde natürlich nie drogensüchtig. Bei der aufwendigen und teuren Ausbildung wäre es für den Ausbilder unvorstellbar, die Gesundheit eines so wertvollen Tieres aufs Spiel zu setzen. Es wird höchstens spielsüchtig, aber das schadet der Gesundheit nicht. Oft steht man vor der Frage, wie es vermieden werden kann, daß diese Hunde nach ein paar erfolglosen Untersuchungen von Autos die Motivation nicht verlieren, denn sie sollten auch beim nächsten Einsatz wieder interessiert, das heißt voller Erwartung auf einen Fund, an die Arbeit gehen.

Fast alle Pudel sind außerordentlich ***gute Schwimmer.*** *Das beweist auch die silbergraue Großpudel-Hündin Ch. Bibelot's Tin Lizzie CD. Sie stammt aus der Zucht von Susanne Fraser aus Ontario (Kanada). Die Pudel dieser Züchterin wurden nicht nur erfolgreich ausgestellt, sie haben alle auch Arbeits-Champion-Titel errungen.*
Mehrere kanadische Pudel wurden zu ***Apportier-(Retriever-)Hunden*** *ausgebildet.*

Dieser junge Silber-Großpudel »Bibelots Silver Power Play« hat soeben die ***Jagdhundeprüfung*** *erfolgreich bestanden. Die Züchterin ist Susanne Fraser, und die Besitzerin heißt Eileen Jeskowski.*
In Kanada ist es schon lange üblich, daß mit den Großpudeln gearbeitet wird.

Der Pudelpointer

Auch in Deutschland gibt es mindestens zwei Großpudel, die in neuester Zeit die Jagdhundeprüfung erfolgreich bestanden haben. Einer davon ist die braune Großpudelhündin »Cora«, die der Jäger Klaus H. Asmus aus Kollmar (D) zu dieser Prüfung vorbereitete und die dann schlußendlich auch mit Erfolg bestanden wurde. Dafür gab es einen ganz bestimmten Grund: Klaus Asmus wurden, zur Auffrischung des Pudelpointer-Blutes, offiziell **neue Rückzüchtungsversuche zum Pudelpointer** gestattet. So ging er auf die Suche nach braunen Großpudeln in Deutschland, in der Schweiz und in Kanada.
Klaus Asmus erklärt, daß es ihn erstaunt, daß heute alle Großpudel, die er zur Begutachtung aufsuchte, im Haus gehalten wurden. So kam er auf die Idee, selber eine Pudelhündin zu kaufen und diese nach Jägerart (Zwingerhaltung) aufzuziehen.

*An einem dieser Versuche waren **die Pointer-Hündin »Mette«** und **der braune Pudel »Beelzebub vom Wutachtal« von Eva M. Niederer aus Wallisellen (CH)** beteiligt. Daraus folgten sechs muntere Welpen, die bis zum echten Pudelpointer nochmals mit einem Pointer gepaart werden mußten. Seine erste Rückzüchtung brachte ihm Hunde mit sehr gutem Haar, aber unterschiedlicher Jagdveranlagung. Den Bestveranlagten wird nun nochmals Pointerblut zugeführt, um den Hund zu erhalten, der in Jägerkreisen sehr gerühmt wird.*

Aus dem Faltblatt des Vereins Pudelpointer e.V. kann entnommen werden, daß der **Pudelpointer,** wie alle deutschen Vorstehhunde, als vielseitiger Jagdgebrauchshund für die Feld-, Wasser- und Waldjagd gezüchtet und ausgebildet wird. Die Wasserpassion des Pudelpointers wird auf das durchschlagende Pudelerbe zurückgeführt. Ist diese Leidenschaft nur abgeschwächt vorhanden, gibt es Abzug in der Bewertung. Dieser Jagdhund soll ausschließlich in Jägerhänden sein.
Bei der ursprünglichen Kreuzung zwischen Pudel und Pointer soll Zufall mitgewirkt haben. Sie geht weit

Hier sehen wir den Nachwuchs von Pudel-Rüde »Beelzebub« und Pointer-Hündin »Mette«.

Hier sehen wir eine prächtig bemuskelte Pudelpointer-Hündin beim Apportieren. Foto: Urs Ochsenbein

zurück ins vorige Jahrhundert. Gezielt gezüchtet wurde er erst ab 1881. Der erste geplant gezüchtete Pudelpointer-Wurf fiel beim Stiftsförster Walter in Schlesien aus der schwarzen Pudelhündin »Molly« und dem weißbraunen Pointer »Tell«. Aus dieser Verbindung ging Cora hervor, die lange als Vorbild galt. Hegewald (v. Zedliz) war der große Förderer dieser neuen Hunderasse. Dieser Paarung folgte eine Rückzüchtung auf den weißbraunen Pointer. Erst später wurden diese Pudel-Pointer untereinander verpaart. Der Pudelpointer-Verein wurde im Jahre 1897 von Hegewald und Oberländer gegründet. Ab 1924 konnte dieser Jagdhund als abgeschlossene Reinzucht bezeichnet werden. In der Rassebeschreibung des Vereins Pudelpointer e.V. findet man ein überraschend schwärmerisches Kompliment an den kraushaarigen Königspudel. Aga Gräfin vom Hagen nimmt an, daß uspründlich bei der Zufallskreuzung, die dieser Rasse zugrunde liegt, der alte deutsche Schafpudel beteiligt war.
Ein Pudelpointer wird ins Zuchtbuch nur eingetragen, wenn seine Jagdfähigkeiten nachgewiesen sind. Heute befassen sich in Deutschland rund 180 Jäger mit dieser vielseitig begabten Jagdhunderasse.
Der Pudelpointer wird einfarbig gezüchtet, ein kleiner Brustfleck ist jedoch erlaubt. Früher war die Tarnfarbe »Dürrlaub« sehr beliebt. Heute ist das Zuchtziel eher auf mittel- oder dunkelbraun ausgerichtet, aber auch die schwarze Farbe wird geduldet. Seine Widerristhöhe wird für Rüden von 56 bis 65 cm angegeben. Die Rute wird kupiert.

Der Pudel im Dienste der Forschung

Ein weiteres Kompliment an den Pudel macht die Christian-Andersen-Universität in Kiel mit ihren Untersuchungen zwischen Wolf, Schakal und Haushund. Als typischer Haushund wurde der Pudel ausgesucht, der in diesem Zusammenhang verschiedene Vorteile bot: Er ist in seiner ursprünglichen Art weitgehend unversehrt erhalten geblieben, und zudem liefert er mit seinen verschiedenen Größen gute Vergleichsmöglichkeiten mit **Verpaarungen mit dem Wolf** und dem kleineren Goldschakal. Diese Versuche brachten den eindeutigen Beweis, daß der Hund vom Wolf und nicht vom Schakal abstammt. Pudel und Wölfe konnten sich untereinander verständigen und paaren, was beim Schakal nicht ohne weiteres möglich war. Sie sozialisierten sich nicht untereinander, und eine Verpaarung war nur dann möglich, wenn ein Welpenpaar von klein auf zusammen gehalten wurde. Professor Wolf Herre und Erik Zimen haben sich intensiv mit diesen Untersuchungen auseinandergesetzt. Unterschiede zwischen dem Wildtier und dem Haushund ließen sich auch in der Paarung feststellen. Eine ursprünglich geplante Paarung zwischen einer Pudelhündin und einem Wolfrüden scheiterte, weil die Hündin nicht in der richtigen Zeit läufig wurde. Umgekehrt besteht dieses Problem nicht, denn im Gegensatz zum Wolf ist ein Pudelrüde immer zum Decken bereit. Somit war es einfacher, eine Wölfin mit einem Pudelrüden zu verpaaren.
Erik Zimen beschreibt in seinem Buch »Der Hund« (München, 1988) zu den Verhaltensbeobachtungen zwischen Wölfen und Großpudeln unter anderem auch dramatische Begebenheiten: Einer Pudelgruppe machte es Spaß, zwei jüngere Katzen, die auf diesem Beobachtungsgelände aufgewachsen waren, zu jagen und sie auf Bäume zu treiben. Dies soll aber für beide Seiten mehr Spiel als Ernst gewesen sein. Nach einiger Zeit wagten sich diese Katzen ein erstes Mal ins Wolfsgehege, wo sie von den Wölfen leider sofort getötet wurden. Ein anderes Drama ereignete sich im Zusammenhang mit einer Paarung zwischen einer Wölfin und einem Pudelrüden: Einer Wölfin wurden zwei Pudelrüden als Paarungspartner zur Auswahl angeboten. Einer davon war sofort ihr Auserwählter, aber noch bevor der andere Rüde entfernt werden konnte, wurde dieser von der Wölfin getötet. Mit dem ausgesuchten Pudelrüden lebte diese Wölfin aber über sieben Jahre zusammen und sie brachten mehrmals Nachwuchs zur Welt.
Im Verhaltensvergleich wurde unter anderem auch festgestellt, daß die Wölfe ihre momentane Stimmung in ihrer Mimik (Stellung der Ohren, Sträuben des Fells) viel besser ausdrücken konnten. Demgegenüber ist die vielfältigere Ausdrucksweise der Pudel über ihre Stimme aufgefallen.
Die Kieler Beobachtungen bestärken den Beweis, daß der Hund vom Wolf abstammt auch mit der Feststellung, daß das Hirn des Wolfes größer ist, als das des Schakals, das nur knapp der Größe eines Hundehirns entspricht. Erfahrungen lehren, daß das Wildtier immer das größere Hirn aufweist, als das entsprechende zahme Haustier.

Das Bild von Dorit Feddersen-Petersen zeigt eine Pudel-Wolf-Kreuzung aus der zweiten Nachzucht-Generation.

Was gehört zur Pudelpflege?

Einen Pudel sollte man nur kaufen, wenn man sich an einem gepflegten Hund freuen kann, denn bei mangelnder Pflege neigt sein Wollfell zum Verfilzen. Die Pflege des Pudelfells ist also kein Modegag, sondern eine Notwendigkeit, die beim Entscheid für diesen Hund mitberücksichtigt werden muß, denn das Kämmen braucht Zeit und das Scheren kostet Geld.
Es gibt aber viele, die es zu schätzen wissen, mit einem Pudel einen Hund zu haben, von dem keine Haare umherliegen. Zudem haben die Pudel die angenehme Eigenschaft, keinen hundetypischen Geruch zu verbreiten. Und die außergewöhnliche Haarqualität dieses Hundes läßt der menschlichen Frisier-Phantasie viel Spielraum offen. Keine andere Hunderasse kann man so verschiedenartig zurechtmachen.

Warum müssen wir den Pudel kämmen?

Die Tatsache, daß vom Pudel keine ausgefallenen Haare an Ihren Kleidern kleben, bedeutet nicht, daß dieser Hund nicht »haart«. Im Gegenteil, die Pudelbesitzer wissen es: Sein Haarwechsel erstreckt sich praktisch übers ganze Jahr.
Wolf Herre von der Christian-Andersen-Universität in Kiel hat die Zusammenhänge wissenschaftlich untersucht. Zusammengefaßt ergibt sich für dieses Phänomen folgende Erklärung: Das Fell der Hunde besteht normalerweise aus sechs verschiedenen Haarsorten. Diese lassen sich in drei gröbere Deckhaare und drei feinere Unterhaare unterteilen. Die Deckhaare sind wasserabstoßend, und die Unterhaare dienen der Wärmeisolation. Durch das veränderte Verhältnis dieser verschiedenen Haararten (das grobe Leithaar ist beim Pudel nicht mehr vertreten und die dünnsten Grannenhaare nehmen bereits Wollcharakter an) wird die allgemeine Haarstruktur feiner, weicher und welliger, weshalb die allgemeine Anweisung, Hunde möglichst nicht zu baden, für den Pudel nicht zutrifft. (Sie ist aber für die Hunde richtig, bei denen das fette, schmutzabstoßende Leithaar durch das Shampoo nicht ausgetrocknet werden darf, wie zum Beispiel beim Deutschen Schäferhund).
Die Lockenbildung beim Pudel bezeichnet Wolf Herre als typische Haustiereigenschaft und er erwähnt dabei als Beispiel das Karakulschaf mit seinem Persianerpelz. Er führt diese Eigenschaft auf eine Störung des Hautwachstums zurück, die eine Verschiebung des Haarstrichs zur Folge hat. Während ein neugeborener Pudelwelpe noch einen normalen, in einer Richtung laufenden Haarstrich aufweist, entstehen schon in den folgenden Wochen viele kleine Haarwirbel, die an der Lockenbildung mitwirken.

Auch beim Pudel lassen sich aus dem Zustand seiner Haut Rückschlüsse auf seine Gesundheit ziehen. Nur auf einer gesunden Haut kann sich die erwünschte, kräftige und elastische Haarstruktur entwickeln.
Die falsche Behauptung, der Pudel verliere keine Haare, kommt davon, daß die Umgebung von diesem Vorgang nicht betroffen wird, denn diese losen Haare bleiben alle im Fell des Pudels hängen. Mit Hilfe von Kamm und Bürste müssen sie aus dem Wollfell herausgeholt werden, damit sie sich nicht mit der bestehenden Wolle verfilzen.
Ein systematisches Verfilzen machen sich die Freunde des Schnürenpudels zunutze. Aber nicht jeder Pudel besitzt die Veranlagung, daß sich sein Fell in gleichmäßige Zotteln verfilzt. In den meisten Fällen würde sich bei fehlender Fellpflege über der Haut ein schlimmer Filzpanzer bilden, dem nur noch die Schere Abhilfe schaffen könnte. Darum ist es nötig, daß das Fell regelmäßig und sorgfältig durchgebürstet wird. Die Wolle soll dabei scheitelweise bis auf die Haut mit dem sogenannten Striegel (das ist eine Art Drahtbürste mit gegen tausend angewinkelten Stahldrahtzinken) gelockert werden. Anschließend werden die restlichen losen Haare noch mit einem nicht allzu feinen Kamm herausgekämmt, bis er sich ohne Widerstand von der Haut her bis zur Haarspitze leicht durchziehen läßt.

Das Fell der Junghunde sollte man möglichst täglich pflegen. So geht es nicht nur schneller, es zupft auch weniger, was für den Welpen wichtig ist, denn er soll nicht schon am Anfang schlechte Erfahrungen machen müssen. Je nach der Länge des Fells und der Größe des Pudels werden Sie für diesen Vorgang täglich 10 bis 15 Minuten Zeit benötigen. Zum Kämmen wird der Pudel meistens auf einen Tisch gestellt. Nach einem großen Spaziergang läßt sich der Pudel auch gerne im weichen Sofa nieder, wo er sich entspannt im Liegen Bein für Bein durchkämmen läßt.

Bürste, Kamm und Striegel sind also drei wichtige Hilfsmittel zur Pudelpflege. Dazu kommen ein guter Fön, eine spezielle Haarschere und später eventuell auch eine Schermaschine.

Wann soll der Pudel gebadet werden?

Sicher immer dann, wenn er besonders schmutzig ist. Auch vor dem Haareschneiden wird sein Fell gewaschen. Bei den heutigen milden Shampoos und den technischen Hilfsmitteln (Fön) dient das regelmäßige Pudelbad der Fellpflege, an die man schon einen drei Monate alten Welpen gewöhnen sollte. Ein Pudel, der erst im Erwachsenenalter seine erste Erfahrung mit dem elektrischen Haartrockner machen kann, der hat viel mehr Mühe, sich damit zu befreunden. Fängt man aber rechtzeitig mit dieser Pflegemaßnahme an, so läßt sich das der Pudel recht gern gefallen. Gut gebadet und ausgefönt läßt er sich anschließend wieder leichter kämmen. Im Winter, bei extrem tiefen Temperaturen unter dem Gefrierpunkt, sollte aber wenn möglich auf ein Bad verzichtet werden, denn ein frisch durchgeföntes Fell läßt die Kälte schneller auf die Haut durchdringen.

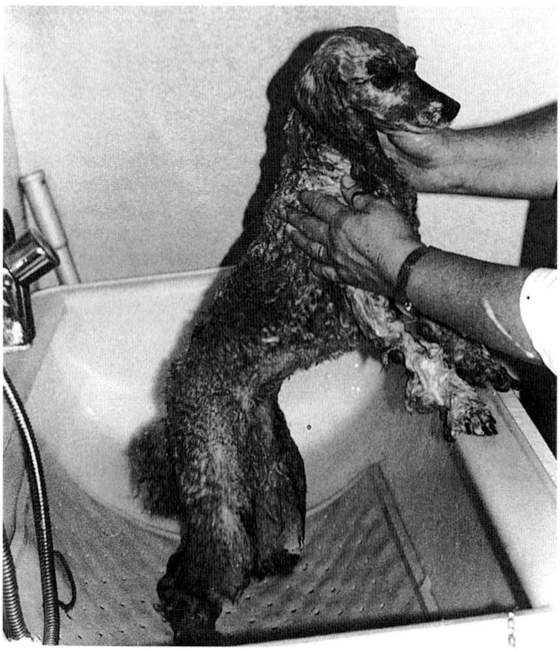

Jeder Pudel hat ein mehr oder weniger stark gelocktes Kraushaar, je nach Veranlagung. Am besten ist das im nassen Fell ersichtlich. Da es für die Hunde-Coiffeuse schwierig ist, diese Locken in eine gefällige Form zu schneiden, wird sie den Pudel vorerst baden und fönen.
Durch gleichzeitiges Bürsten wird das Wollhaar gestreckt, das heißt, sie bürstet immer dort, wo der Luftstrahl des Föns das nasse Fell auseinanderbläst. Anschließend läßt sich das voluminöse Fell viel leichter in die gewünschten Formen schneiden.

Das Pudelbad ist eine Prozedur, die Sie nach dem Zuschauen im Hundesalon bald selber machen können. Zur Vorbereitung wird der Pudel vorerst gut durchgebürstet, damit die losen Haare bereits entfernt sind. Dann legt man eine rutschfeste Matte in die Badewanne und bei **offenem** Ablauf (bei geschlossenem würde sich der ausgewaschene Schmutz immer wieder neu im Fell verfangen) läßt man das gut temperierte Wasser (ca. 38 ° C) durch die Brause über den Hundekörper laufen, bis die ganze Wolle gut durchnäßt ist. Somit wird Ihr Pudel eigentlich nicht gebadet, sondern geduscht. Die meisten Pudel lassen sich das gern gefallen. Sie müssen aber aufpassen, daß dabei kein Wasser in die Ohren laufen kann. Und beim Shamponieren ist darauf zu achten, daß nichts in die Augen kommt. Das verwendete Shampoo soll sehr mild sein. Die Hunde-Coiffeuse oder der Züchter werden Sie gerne beraten. Unter Ausstellern werden immer wieder Geheimtips über die besten Pflegemittel ausgetauscht. Zusätzliche drei Eßlöffel Jojoba-Öl, vermischt mit einem Ei-

Frisch gebadet - Gesicht und Pfoten ausgeschoren - warten diese vier munteren Miradel-Welpen von Patricia Rose aus London auf neue Pudelfreunde. Foto: Sally Anne Thompson

gelb, können zum Beispiel helfen, daß das Fell geschmeidig bleibt. In Schweden und in den USA wird sogar Hand-Abwaschmittel wie Lux oder Palmolive als bewährtes Pudelshampoo empfohlen. Das Shampoo muß in jedem Fall mit mindestens vier Teilen Wasser verdünnt und temperiert ins Fell gespritzt werden. Die Pudelwolle wird wie ein wertvoller Pullover leicht durchgeknetet und anschließend gründlich ausgespült. Dann wird das ganze wiederholt. Dem letzten Spülwasser kann ein Schuß Essig beigefügt werden. Achtung: Schlecht gespülte Pudel sehen nachher schuppig aus. Darum lohnt sich die Geduld beim Spülen. Getrocknet wird der Pudel auf einem Tisch, an einem zugluftfreien Ort. Zuerst wird er in ein Badetuch gewickelt und gründlich abgerieben und nachher bei laufendem Fön unter ständigem Bürsten getrocknet. Für ein solches Pudelbad und für das anschließende Ausfönen benötigen Sie je nach der Länge der Wolle ungefähr eine Stunde Zeit. Im Hundesalon, wo das Trocknen ein Hochleistungsfön übernimmt, geht es etwas schneller, und für einen langhaarigen Ausstellungspudel muß mit doppelt so viel Zeit gerechnet werden. Am längsten würde diese Prozedur bei einem Schnürenpudel dauern, doch da diese Pflegeart relativ selten ist, wird darauf verzichtet, hier genauer darauf einzugehen. Seine Pflege wird im Kapitel »Ursprung« kurz erklärt.

In der Sommerzeit ist auch für einen Welpen von drei Monaten ein sorgfältiges Pudelbad völlig unschädlich. Bei eisigen Außentemperaturen sollte man damit aber besser noch etwas zuwarten. Auch einen frisch geimpften Welpen sollte man nie sofort baden, denn in den ersten zwei Tagen nach der Impfung wäre er zu anfällig für Erkältungen. Praktisch alle Pudelzüchter geben ihre Welpen gebadet ab. Gleichzeitig werden auch Kopf und Pfoten ausgeschoren. So gewöhnt sich der Kleine bereits daran und Sie haben in den ersten Wochen noch nichts damit zu tun. In dieser Zeit können Sie sich in Ruhe nach einem guten Hundesalon umsehen.

Besondere Maßnahmen im Sommer und im Winter

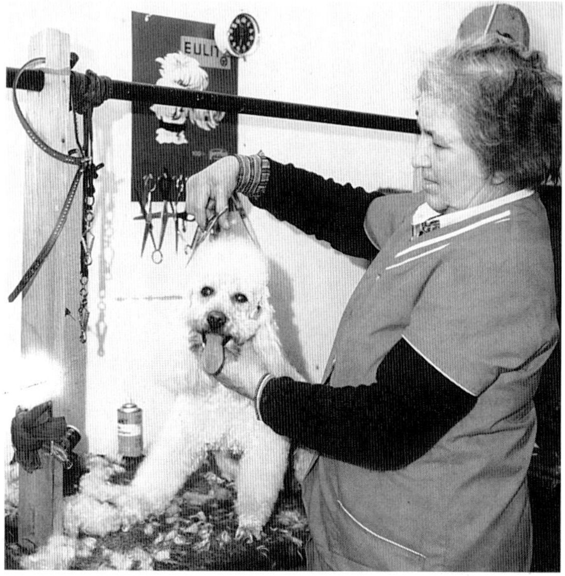

Der Irrtum

Schon oft habe ich im Sommer auf einem Spaziergang mit meinen drei Vierbeinern hören müssen: »Ach die armen Pudel, die haben jetzt sicher viel zu heiß in ihrem warmen Pelz« ...

Natürlich wissen wir Pudelbesitzer, daß unsere Hunde im allgemeinen keine großen Sonnenanbeter sind, und wir werden sie auch nie stundenlang der direkten Sonne aussetzen, doch man muß wissen, daß sich die Wolle des Pudels auch als natürlicher Sonnenschutz eignet.

Wer ***im Sommer*** *seinem Pudel das Fell an den Beinen etwas kürzer schneiden läßt, der leistet seinem Vierbeiner sicher einen angenehmen Dienst. Doch wer glaubt - und das sind nach meinen Erfahrungen gar nicht so wenige - , der Hundecoiffeuse den Auftrag geben zu müssen, seinem Pudel im Sommer den Rücken mit einem 1-mm-Scherkopf gegen den Strich kahl zu scheren, der macht einen großen Fehler, denn so wird die Pudelhaut ungeschützt der prallen Sonne ausgesetzt und dazu eignet sie sich überhaupt nicht. Schlimme Verbrennungen der Haut könnten die Folge sein. Darum lassen Sie sich nicht von falschen Ratschlägen verwirren. Besonders bei älteren Pudeln und bei Welpen sollte man im Sommer und im Winter darauf achten, daß der Rücken immer mindestens mit 1 cm langem Wollfell bedeckt ist. Nur so kann das Fell seinen nötigen Schutz bieten.*

Dieser Pudel bekommt den letzten Schliff zum Sommerschnitt.
Foto: Rolf Hinz

Der Pudel im Winter

Die meisten Pudel ziehen den kühlen Schnee der Sommerhitze vor. Wenn Sie Ihrem Vierbeiner bei eisiger Kälte genügend Bewegung verschaffen und wenn sein Fell auf dem Rücken nicht allzu kurz geschnitten ist, dann sind Pulloverchen und Mäntelchen überflüssig. (Einem sehr alten Pudel könnten solche Wärmespender aber willkommen sein).

Wichtig ist, daß die Haare zwischen den Zehen weggeschnitten sind, damit sich vom klebenden Schnee keine wachsenden Eisklumpen bilden können, denn diese können schmerzhaft sein. Vermeiden Sie wenn möglich das Begehen von gesalzenen Straßen. Wenn diese nicht zu umgehen sind, dann schützen Sie die Pfoten Ihres Vierbeiners durch vorheriges Einreiben mit Vaseline oder Melkfett, denn das Salzwasser brennt sonst in jeder Schrunde.
Foto: H. Hiller

Der Regen stört die Pudel meistens nicht. Dem Besitzer bringt er aber zusätzliche Arbeit, denn das nasse Fell sollte anschließend mit dem Fön getrocknet werden. Durch gleichzeitiges Bürsten können Verfilzungen am besten vermieden werden. Welpen und alte Pudel sollte man nicht allzu lange ohne Bewegung im nassen Fell stehen lassen. Unterwegs kann auch ein Frottiertuch zum Abtrocknen hilfreich sein. Will sich jemand diese Arbeit am nassen Pudel durch das Anziehen eines Regenschutzes erleichtern, kann man ihm das nicht übel nehmen.

Vom Krallenschneiden, Ohrhaarezupfen und vom Zähneputzen

In einem guten Hundesalon werden neben der Fellpflege auch weitere Arbeiten übernommen:
Wenn nötig werden die **Krallen geschnitten.** Sobald Sie auf dem Boden das Herbeikommen Ihres Pudels durch das Klappern der Krallen hören, ist es Zeit, diese leicht zu kürzen. Es kommt recht selten vor, daß sich der Pudel die Krallen selber richtig abnützen kann. Zu lange Krallen stören ihn aber beim Stehen und beim Gehen. Das Krallenschneiden muß sehr subtil geschehen, denn im schwarzen Horn ist das durchziehende Blutgefäß nicht ersichtlich. Dieses sollte aber wenn möglich nicht verletzt werden, denn erstens ist es schmerzhaft und zweitens blutet es stark. Für alle Fälle sollte zum Krallenschneiden immer auch ein blutstillendes Mittel bereitstehen.

Die Ohrhaare, die aus dem Gehörgang wachsen, sollten zur besseren Durchlüftung regelmäßig gezupft werden. Bei entzündeten Ohren sollte man den Gang zum Tierarzt nicht zulange aufschieben, denn chronische Ohrenentzündungen sollten vermieden werden.

Falls sich der Pudel nicht dagegen wehrt, sollten ihm auch ab und zu **die Zähne gereinigt werden.** Starker Zahnsteinbefall ist ein Fall für den Tierarzt. Er wird diesen unter einer leichten Narkose mit Hilfe eines Ultraschallgerätes gründlich entfernen.

Dann wird die **Analdrüse** kontrolliert und wenn sie überfüllt ist, kann sie in der Badewanne mit Hilfe von weichen Papiertüchlein **ausgedrückt** werden. Falls die Hunde-Coiffeuse in diesem Handgriff nicht geübt ist, können Sie das auch beim Tierarzt machen lassen, aber natürlich nur bei Bedarf. Ihr Pudel zeigt das Problem mit dieser Drüse damit an, indem er entweder mit dem Hinterteil auf dem Boden umherrutscht oder wenn er immer wieder versucht, sich unter der Rute abzulecken. Auch dieses Problem muß gut beobachtet werden. Entzündungen dieser Drüse sollen vom Tierarzt behandelt werden.

Unliebsame Plaggeister

Die schönen Wanderungen durch Felder und durch Wälder können je nach Jahreszeit durch verschiedene kleine Plaggeister getrübt werden:
Mit den ersten zarten Knospen im **März** kommen schon die ersten lästigen Schmarotzer: Es sind **die Zecken.** Darum empfiehlt es sich, im Frühling und im Sommer nach jedem Waldspaziergang den Pudel gründlich durchzubürsten. Dabei kann man diese kleinen Krabbel-Tierchen vielleicht noch erwischen, bevor sie sich in der Haut festgebissen haben. Sie sehen aus wie winzig kleine Spinnen. Wenn sie schon am Saugen sind, dann lassen sie sich am besten durch eine sogenannte **Zecken-Pinzette** entfernen, die man sich beim Tierarzt oder im Zoogeschäft besorgen kann. Es ist interessant zu wissen, daß die Zecken ab einer Höhe von 1500 m über Meer praktisch nicht mehr anzutreffen sind.

Im Hochsommer treten dann die Zecken etwas spärlicher auf. Dafür kommt in feuchten Gegenden, in Wäldern und im Gras ein viel kleineres Getier zum Vorschein, das einen enormen Juckreiz auslösen kann. Es sind die **Herbstgrasmilben.** Das sind winzig kleine Sauger, die sich zwischen den Zehen, am Bauch, an den Ohren oder auch am ganzen Körper niederlassen können. Ein entsprechendes Medizinal-Bad kann nur Abhilfe schaffen, wenn man die Möglichkeit hat, anschließend die von Milben befallenen Gebiete zu meiden. Aber meistens merkt man gar nicht so genau, ob sie nun vom Garten oder vom Wald kommen. Als Ungeziefer wären sie relativ harmlos, doch durch den Juckreiz, den sie veranlassen, wird der Pudel zum ständigen Kratzen genötigt, was für Besitzer von Ausstellungspudeln wegen des Haarverlusts sehr ärgerlich sein kann. Vollgesogen kann man diese Milben als winzig kleine orangerote Pünktchen erkennen.

Dann gibt es Pudel, die auf Flohbisse allergisch reagieren. Es ist sicher keine Schande, wenn ihr Pudel nach einem heißen Sommer **Flöhe** mit nach Hause bringt. Es wäre aber unverantwortlich, wenn Sie nichts dagegen unternehmen würden. Ein sofortiges Flohbad und ein gleichzeitiges Einsprayen des Schlafplatzes und der Wohnung kann meistens schnell Abhilfe schaffen. In flohreichen Jahren wurde beobachtet, daß die im Handel angebotenen Hunde-Flohbänder nicht mehr wirksam waren.
Bei starkem Flohbefall muß die Gefahr von Bandwürmern in Betracht gezogen werden. Eine entsprechende Kontrolle ist zu empfehlen.

Wie es Euch gefällt: Frisuren mit oder ohne Bart

Mit Hilfe des Züchters haben Sie sicher in Ihrer Gegend einen Hundesalon gefunden, in den Sie Vertrauen haben können. Wichtig ist, daß Sie Ihren Pudel immer gut ausgekämmt hinbringen, denn wenn die Coiffeuse ständig an Filzknoten zupfen muß, nimmt ihr das viel Zeit in Anspruch, und der Pudel kann sich so nicht mehr freuen, wenn er ein paar Wochen später wieder hingebracht werden muß. Das Pudelfell, das rundum am ganzen Körper wächst, sollte unbedingt regelmäßig geschnitten werden. Es hängt von Ihrem Anspruch und Ihrem Talent ab, ob Sie dieses Scheren einer gut ausgebildeten Hunde-Coiffeuse überlassen möchten oder ob Sie es mit der Zeit selber probieren wollen. Das Selbermachen kann auch seinen Reiz haben, denn so kann man das Baden und die Scherarbeiten auf zwei Tage aufteilen. Für das Allernötigste, das heißt für das Ausscheren des

Für welchen dieser beiden Pudel würden Sie sich entscheiden?
Vielleicht spricht Sie der bärtige Wuschelkopf sofort an. Züchter und Aussteller würden sich vermutlich spontan für den Pudel mit dem eleganten, schmalen Kopf entscheiden. Der Witz der Sache ist, daß es sich hier um ein und dieselbe Hündin handelt, die zuerst mit und drei Tage später ohne Bart fotografiert wurde. So einfach läßt sich der Pudel ganz nach dem Geschmack seiner Besitzer verändern...

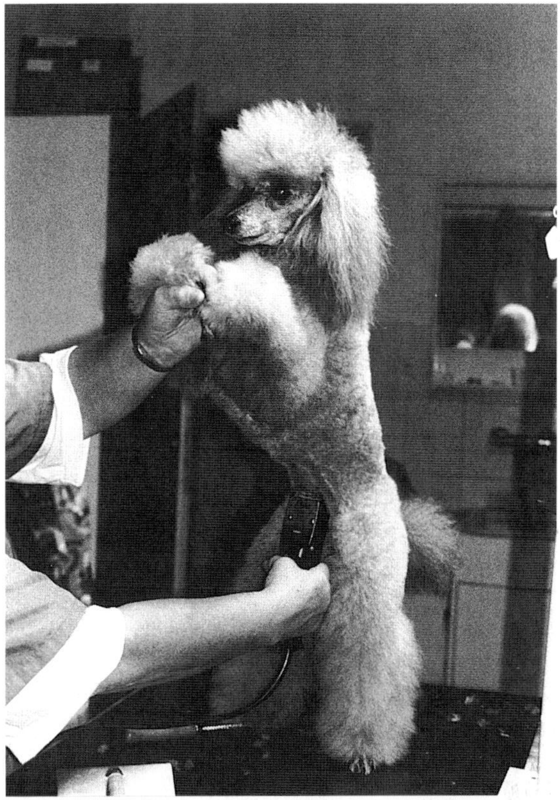

Die Pudel müssen schon früh an Schere und Schermaschine gewöhnt werden, denn die freie Sicht des Hundes soll nicht durch Haare verdeckt werden. Der Gang zum Coiffeur kann man ihm also nicht ersparen.
Die Schermaschine braucht man vorwiegend für den Rücken, den Bauch, den Rutenansatz, das Gesicht und für die Pfoten. Gesicht und Pfoten werden meistens ganz kurz geschoren, während man auf dem Rücken den 7-mm-Scherkopf verwenden sollte.

Kopfes und der Pfoten, braucht es nicht so viel künstlerisches Talent, wie für das Formen der Frisur. Wenn Sie dazu genügend Mut haben, könnte sich die Anschaffung einer Schermaschine lohnen.

Eine gut ausgebildete Hunde-Coiffeuse wird imstande sein, auch auf spezielle Frisurenwünsche für Ihren Vierbeiner einzugehen.
Die nachfolgenden Bilder zeigen, wie sehr sich der Pudel durch die Frisur verändern läßt.

Zur Entwicklung der Pudelfrisur

Aus dem 16. Jahrhundert kennen wir Abbildungen von Wasserhunden mit abgeschorenem Hinterteil. Dieses teilweise Wegschneiden des Fells soll ihnen das Schwimmen im Wasser erleichtert haben. Die Anfänge liegen aber noch viel weiter zurück. Schon zur Zeit von Kaiser Augustus kannte man einen Hund, den man als »canis leo« (Löwenhund) bezeichnet hatte. Solch halbgeschorene Hunde finden wir auf alten Abbildungen, und es wäre durchaus möglich, daß

Diese drei silbergrauen Großpudel aus Kanada (gezüchtet von Susan R. Fraser) zeigen deutlich, wie ganz verschieden sich der Pudel herrichten läßt: Gefällig, pflegeleicht oder zeitaufwendig, ganz so, wie es seinem Meister oder seiner Besitzerin gefällt. Dem Pudel selber ist es egal, ob er mit langem oder kurzem Kopf- oder Ohrenhaar gezeigt wird. Er trägt jede Frisur mit Würde, und er gibt sich auch alle Mühe, seinem zweibeinigen Vorgesetzten zu gefallen.
Von links nach rechts sehen wir hier Bibelot's The Franklin Mint CDX, seine Schwester Bibelot's Silver Perls CDX und den amerikanischen und kanadischen Champion Bibelot's Prosperity in Silver am. can. CDX.
Foto: Booth

Dieser Pudel ist in der alten Standardschur mit der großen, in Form geschnittenen Haube frisiert. Auf diese Löwenschur trifft man heute nur noch selten. Auffallend ist die gut pigmentierte Haut dieses weißen Großpudels. Foto: F. Gorski

Hier sehen wir den typischen »Peggy-Kopf«, frisiert von Magrith Gasser. Es ist eine Variante des Karakul-Schnittes, der ursprünglich von Hans Thum kreiert wurde. Foto: H.R. Alder

man schon damals auf die Idee kam, diese praktische Maßnahme mit einer Verzierung zu verbinden.
Bekannt ist, daß man in der Rokokozeit besonders großen Gefallen an dieser Hundefrisur fand, die dem Lieblingstier dieser Zeitepoche, dem Löwen, nahe kam. So wurden damals in Frankreich die kleinen Hofhunde gerne mit Pompons verziert.
Gegen Ende des 19. Jahrhunderts tauchte eine neue, sehr arbeitsintensive Pflegeart auf: Der Schnürenpudel kam in Mode.
Doch der Pflegeaufwand dieser überlangen Schnüre war sehr groß, so daß sich das Interesse für diesen

Das Zusammenbinden der Kopfhaare hatte ursprünglich einen praktischen Sinn: Beim Einsatz als Wasserhund blieb so die Sicht des Pudels vor herabfallenden nassen Haarstähnen geschützt. Foto: Sally Anne Thompson

Als Gegenstück mit zurückgeschnittenem Kopfhaar zeigt sich hier der schwarze Großpudel »Winwood Heaven Can Wait«, genannt Simon. Frisiert und fotografiert von seiner Meisterin Erika Ott, Grub (CH).

Pudel-Friseusen in Paris ums Jahr 1820

Hund in Grenzen hielt. Erst die wiederentdeckte Pflege des Wollpudels machte diesen unterhaltsamen Begleithund erneut populär.

Als in Frankreich 1936 der erste offizielle Standard aufgestellt wurde, war zum Ausstellen nur die Löwenschur zugelassen. Diese wird im Standard folgendermaßen beschrieben: Der Pudel, gleichgültig ob mit gelocktem oder geschnürtem Haarkleid, wird an der Hinterhand bis zu den Rippen geschoren. Ebenfalls geschoren werden das Gesicht und die Pfoten. Mit der Schere geformt werden die Manschetten, eventu-

Dieses im Schnürenfell gepflegte Halbgeschwisterpaar Champion Achilles und The Witch wurde erfolgreich ausgestellt. Es entstammt gemeinsam dem legendären Champion Lyris, der seine von den Richtern bestaunten, überlangen Schnüre bis zu 50 cm dem Boden nachschleifen mußte. »Begum«, Achilles Großmutter mütterlicherseits, läßt sich über »Puck« zum schwarzen »Jumbo« (gew. im Jahr 1878) führen. Dieser Rüde wurde von Rußland nach England exportiert.

***Die Löwen- oder Standardschur** war lange die einzig anerkannte Ausstellungsschur.*

elle Verzierungen, die auf dem Hinterteil stehen bleiben, der Pompon an der Rute und der langhaarige Wollmantel. Die Pompons an den Vorderbeinen können auch durch sogenannte »Hosen« ersetzt werden. Ein kleiner Schnurrbart ist vorgeschrieben.

Daß man in Frankreich über diesen Druck aus Deutschland nicht begeistert war, zeigt folgende Erfahrung: Waren zwei ausgestellte Pudel, die sich im Ring in Konkurrenz gegenüberstanden, von gleichwertiger Qualität, aber verschieden frisiert, so wurde der vorgezogen, der sich in der alten Löwenschur zeigte, mit der Begründung, in der traditionellen Standardschur könne man die Fellstruktur besser beurteilen... Inzwischen wurde aber im Standard verankert, daß die vorschriftsgemäß gezeigten Frisuren die Bewertung nicht beeinflussen sollen. Als Aussteller merkt man aber schnell, daß diese Bestimmung von den Schönheitsrichtern kaum beachtet wird.

In den dreißiger und vierziger Jahren war es Mlle M. Jeancourt, die bekannte Züchterin und Präsidentin des französischen Pudelclubs, die sich mit aller Kraft und mit viel Engagement für die Wiederbelebung dieser charmanten Hunderasse einsetzte. Den eigentlichen Aufschwung erlebte der Pudel aber erst rund 30 Jahre später mit der neuen, gefälligen und pflegeleichteren Schur, für die in Deutschland heftig gekämpft wurde.

Doch der große Erfolg dieser sympathischen neuen Ausstellungsfrisur dauerte nicht lange. Bald sehnten sich die Aussteller wieder nach einer auffälligeren Frisur für diesen außergewöhnlichen Hund. Es scheint fast, als ob zum Ausstellungspudel die Extravaganz gehörte, wie zur englischen Lady der Hut. Der Blick nach England brachte uns den englischen Saddle-Clip als neue Schur-Variante. Jetzt werden die langgewachsenen Kopfhaare mit Gummis zusammengebunden und anstelle eines Pompons gibt es gleich deren drei an den Hinterbeinen. Bei uns gab es nur wenige, die diese komplizierte Schur beherrschten. Darum freute man sich über die skandinavische Variante, die den Pudel im sogenannten »Puppy-Clip«,

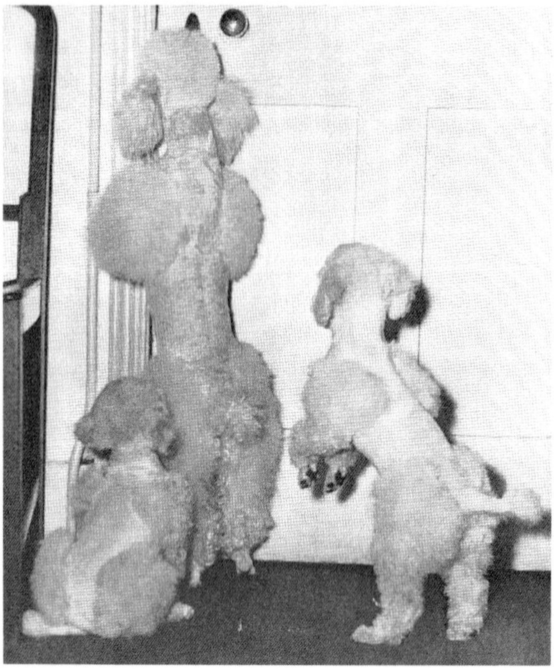

*Aber schon in den dreißiger Jahren gab es viel mehr Pudel, die nicht ausgestellt wurden. Für diese munteren Haushunde suchte man bald etwas Pflegeleichteres. So wurde mit dem sogenannten »**Dutch-Clip**« eine Vorläufer-Frisur für die heutige Modeschur erfunden: Diese Pudel zeigten sich mit »Hochwasserhosen«, die im Ansatz auf dem Rücken wie »Puffärmel« in die Höhe ragten. In dieser Frisur sehen wir hier die drei aufgeweckten weißen Pudel, die von Stanley Dangerfield fotografiert wurden.*

Das Resultat des langen Kampfes ist die Kreation von Hans Thum: Er bezeichnet sie als **Karakul-Frisur.** *Der altmodische Pompons-Pudel zeigt sich hier im neuen Kleid: Rute und Ohren sind kurzgeschoren und die Übergänge vom Rücken zu den Beinen werden fließend egalisiert und so dem harmonisch gebauten Körper angepaßt. Zusätzlich wird das Gesicht durch einen großen Schnauz und Bart verziert.*

Eine Pudelfamilie aus den fünziger Jahren
Stolz zeigen sich hier Vater und Mutter im neuen »Karakul«-Schnitt, der ursprünglich von Hans Thum kreiert wurde. Mit unermüdlichem Einsatz kämpfte er gegen die damals noch vorgeschriebene Pompons-Mode. Es war ein harter Kampf. Während der Zeit des Nationalsozialismus galten in Deutschland alle Pudel, die nicht in der traditionellen Löwenschur geschoren waren, als Bastarde. Man bezeichnete sie als »undeutsch« und sie wurden sogar von der Zucht ausgeschlossen.
Da könnte man sich fragen, was denn die Frisur mit der Vererbung zu tun haben soll ...

Frau Margrith Gasser, die bekannte Pudel-Coiffeuse aus Zürich, brachte bald darauf den typisch runden »Peggy-Kopf« heraus und mit der Zeit verwandelte sie den etwas strengen Karakul-Schnitt in eine lieblichere Variante: Zu den schön abgerundeten Übergängen vom Rücken zu den Beinen und zum pfiffigen Schnauzbart ließ sie die Haare an den Ohren wieder wachsen und die kahle Rute verziert sie wieder mit einem Wollpompon. Diese gefällige Frisur eroberte sich nun immer mehr Freunde.
Hier sehen wir »Ugo v. Pirula«, den apricotfarbenen Mittelpudel von Martha Vollenweider. Foto: H.R. Alder

Die Modeschur: *1966 wird sie offiziell anerkannt und genau beschrieben. Das wichtigste: Der Schnauzbart muß weg, damit die Kopfform vom Richter besser beurteilt werden kann. Bei deutschen und Schweizer Richtern waren nun die Chancen groß, auch in dieser Modeschur, auf die man so lange gewartet hatte, höchste Preise zu gewinnen. So gab es zum Beispiel den Best-in-Show-Winner »Carlos v. Swenter Moor« in dieser neuen Schur. Anscheinend machte diese Frisur auch eine unerwartet große Werbung für diesen Hund. In den sechziger Jahren standen die Pudel so hoch im Kurs wie noch nie zuvor.*
Hier sehen wir Filou v. d. Südseeinsel als Vertreter der neuen Ausstellungsschur. Foto: H.R. Alder

Hier sehen wir den bekannten Champion Topscore Easy Money. Er wurde von Astrid Giercksky in Oslo gezüchtet und er steht im Besitze von Kerstin Nilsson in Dänemark. »Easy Money« gewann zehn Best-in-Show-Titel und im Jahr 1990 war er Dänemarks erfolgreichster Ausstellungshund. Er zeigt sich hier in der skandinavischen Puppy-Clip-Variante mit der künstlichen Betonung der Hinterhandwinkelung.
Foto: OBC Christensen

ohne Pompons aber mit stark betonter Hinterhandwinkelung zeigt. Seit ein paar Jahren ist nun diese Frisur auf Ausstellungen auf der großen Siegestour. Die Betonung von Eleganz und Extravaganz ist wieder »in«. Sogar die traditionsgewohnten englischen Aussteller ließen sich in neuester Zeit davon begeistern.

Es mag sein, daß Sie verschiedene der hier vorgestellten Frisuren als übertrieben erachten, aber bitte, denken Sie daran, der Pudel hat sie nicht erfunden... Des Pudels Handicap ist also nicht sein Wollfell, sondern die Phantasie der Leute, die daraus je nach Geschmack oder nach einer Ausstellungsvorschrift einen extravaganten oder vielleicht sogar einen abschreckenden Hund hervorzaubern können. Wer über den Pudel schimpft, trifft demnach den Falschen. Zudem ist bekannt, daß der Pudel mit sei-

Champion Miradel Camilla von Particia Rose zeigt uns hier die korrekte Ausführung des englischen »Saddle-Clips«. Über Jahrzehnte war das in England die einzige Ausstellungsschur.
Foto: Sally Anne Thompson

Champion Wycliffe Martin, der seinen Besitzern John und Elisabeth Campbell in Bonita (USA) 19 Champions brachte, zeigt, was unter all den verschiedenen Frisuren steckt: Ein elegant und harmonisch gebauter Hundekörper. Seine Kurzhaarfrisur wird als Retriever-Clip bezeichnet.

Diese Schurvariante kommt aus Amerika. Es ist eine Frisur, die an die alte Löwenschur erinnert. Die nackten Hinterbeine, an denen hier viele Zuschauer Anstoß nehmen, vermag vor allem die amerikanischen Pudelrichter zu begeistern. Die scheinen es sehr zu schätzen, mit dem Blick auf die freigelegten Muskeln und die Beine auch den nötigen Durchblick zur Beurteilung des Gangwerkes zu haben. Vielleicht erinnern sie sich dabei sogar an ein elegantes Vollblut-Pferd.
Doch der so harmonisch gebauten Hündin »Del Zarzoso Blonde Ambition« würde auch jede andere Frisur gut stehen.

nem harmonischen Körperbau im Wandel der Jahrhunderte kaum Schaden litt, denn die Veränderungen dieses Hundes beschränkten sich vorwiegend auf seine äußere Erscheinung und kamen durch die Schere und nicht durch genetische Eingriffe zustande. So waren all die verschnörkelten Pompon-Frisuren vielleicht auch seine Rettung, denn man hat im Pudel einen Hund gefunden, den man ohne Eingriff in sein Erbgut verändern und dem Geschmack der Zeit anpassen kann.

Der Pudel ist ein Hund, der gern gefallen möchte. Das sollten sich vielleicht auch die Schönheitsrichter merken. So wäre zum Beispiel beim sogenannten »Puppy-Clip« auch eine offen getragene und sauber geschnittene Haube auf dem Kopf erlaubt. Das wäre eine sympathische Variante, die mühelos ohne fremde Hilfsmittel auskommen könnte. Die einzigen Voraussetzungen wären: Ein harmonischer Körperbau, eine stolze Haltung und eine reiche Wollqualität.

Weißer Großpudel Int. Champ., Deutscher Champ., Weltsieger Heidi von Masuren. Züchterin und Besitzerin Susanne Leschinsky, Schleswig. Foto: S. Leschinsky

Die Schönheitskonkurrenz

Der Pudel hat es seit jeher verstanden, die Aufmerksamkeit auf sich zu lenken. Sein Temperament, sein leichtfüßig tänzelnder Gang, der Hang zum Schalk und die leichte Motivierbarkeit zählen zu den Qualitäten, die diesen Hund zum Show-Dog machen.

Noch vor rund 20 Jahren genügte es zum Ausstellen, einen Pudel mit einem anerkannten Stammbaum zu haben, der dem Standard möglichst nahe kam. Dann brauchte man ihn nur noch rechtzeitig und entsprechend seiner Größe und seinem Alter in die richtige Klasse anzumelden und das Meldegeld einzubezahlen. Frisch gebadet und geschoren, mit stolz getragenem Kopf und mit erhobener Rute sollte er sich im Ring vor dem Richter präsentieren.

Heute sieht es etwas anders aus: Im Pudelring ist eine Professionalisierung im Gang, die an die Entwicklung in den Vereinigten Staaten erinnert. Dort werden kaum mehr Pudel von ihren eigenen Besitzern vorgeführt. Man übergibt sie einem sogenannten »Handler«, der gegen Entgelt den Pudel trainiert und frisiert. Dann wird er den vierbeinigen Schönheitskandidaten in gekonnter Weise dem Richter vor die Augen führen. Auch in Europa gibt es inzwischen ein paar Spezialisten, die sich das Hobby des Hunde-Vorführens zum Beruf gemacht haben. Somit wandeln sich die Hundeausstellungen mehr und mehr zu einem Ereignis für Insider und für private Pudelbesitzer wird das erfolgreiche Ausstellen immer schwieriger.

Wird ein Pudel an einer Ausstellung in einer Frisur gezeigt, die den Vorschriften nicht entspricht, so kann er nicht um die Anwartschaften zum nationalen oder internationalen Champion konkurrieren.
Falls Sie sich an einer Hundeausstellung, vom Siegerpudel fasziniert, zum Kauf einer solchen Schönheit motivieren lassen und dann voller Hoffnung auf den Ruhm Ihres künftigen Siegers warten, dann lassen Sie sich vorwarnen: Die Anforderungen an die heuti-

Der Mittelpudel Garibaldi v.d. Magdenau, läßt seinen Charme im Ring voll spielen.

gen Aussteller in bezug auf die Vorführ- und Frisierkunst sind so hoch, daß das Naturtalent des Pudels und des Besitzers allein nicht mehr ausreicht. Der »gewöhnliche« Pudelbesitzer ohne fachkundiges Ringtraining und ohne spezielles Flair für die erwünschte Aufmachung würde an einer solchen Schönheitskonkurrenz nur Enttäuschungen erleben, denn heute braucht es mehr als nur einen schönen Pudel mit bester Abstammung, um in der Bewertung erfolgreich vorn zu stehen. Leider wird an solchen Veranstaltungen nur eine Qualität des vielseitigen Pudels in den Vordergrund gestellt: Die Schönheit.

Hier zeigt Inge Flocken, die Züchterin des Multi-Champions Carlos vom Swenter Moor, daß bei einem Großpudel von 60 cm Schulterhöhe nicht nur der Hund, sondern auch sein Meister gut in Form sein muß. Die Anstrengung, das elegante Gangwerk dieses majestätischen Tieres richtig vorzuzeigen, grenzt an eine sportliche Leistung. Carlos gewann hier in Dortmund an der Bundessieger-Zuchtschau 1984 bei 4653 Hunden aus 182 verschiedenen Hunderassen den Best-in-Show-Titel. Foto: David Dalton

Die Champion-Hündin Veralyn's Love Letter von Vera Reil wartet hier frisch frisiert auf ihren großen Auftritt. Ganz gespannt und mit scharfem Blick verfolgt die Hündin jede Bewegung ihrer Meisterin. So werden auch an einer Schönheitskonkurrenz Hund und Führerin zu einem engen Team.

Auch Freeland's Fairchild ist ein Best-in-Show-Winner. Dieser amerikanische Mittelpudel, der von M. Devine und P. Hauck in Ohio (USA) gezüchtet wurde, zeigt, daß sich heute die europäischen Züchter ihre Linien gerne mit amerikanischem Pudelblut auffrischen. Die Besitzerin ist Jytte Pfänner aus Dänemark.

Eine Pudelschönheit aus England

Die erfolgreiche englische Hündin Champion Miradel Camilla, im Besitz der Züchterin Patricia Rose, ist nach englischer Art frisiert. Foto: Sally Anne Thompson

Heute wird mit dem Zusammenbinden der langen Kopfhaare die Eleganz betont. Es darf aber nie vergessen werden, daß die Nachhilfe zur Betonung der Schönheit des Pudels ein Bedürfnis des Menschen und nicht des Hundes ist. Doch solange der Vierbeiner nicht unter den Ideen der Aussteller zu leiden hat, sollte man auch einer solchen Schönheit mit Toleranz begegnen können.

Ein Pudelrichter weiß natürlich, daß hinter einem solchen Langhaarpudel viel Pflegearbeit steckt, die nicht einfach als Tierquälerei bezeichnet werden darf. Wird diese Pflegearbeit mit der nötigen Ruhe und Sorgfalt verrichtet, so kann das der Pudel sogar als angenehme Zuwendung empfinden. Viel schlimmer ist, wenn unkundige Pudelbesitzer ihren Vierbeiner verfilzen lassen und meinen, die Hundecoiffeuse könne alles wieder in Ordnung bringen.

Vom Dilemma der Aussteller

Schade ist, daß 1880 in Berlin jener Passus in die Ausstellungsbestimmungen aufgenommen wurde, wonach »nur solche Exemplare gewinnen können, welchen zwei Drittel ihrer vollen Behaarung von vorn bis zu den Bauchrippen belassen sind«. Diese Vorschrift zur Löwenschur wurde zwar in den sechziger Jahren durch die Zulassung der Modeschur gelockert, doch am Keim der Auseinandersetzungen über den Einbezug der Schur in die Bewertung hat sich nicht viel geändert. Heute können die Pudel an den Ausstellungen in fünf verschiedenen Frisuren gezeigt werden. Ein Blick in den Schau-Ring zeigt aber die auffallend große Verbreitung des sogenannten »Puppy-Clips«. Es ist eine Frisur, mit der der Pudel erneut seine königliche Würde und seinen Stolz zur Schau stellen kann, was viele Aussteller lockt und viele Zuschauer provoziert.

Daß ein Pudel auch selber korrekt stehen kann, zeigt die junge White Jana from the Silver Queen aus der Zucht von Marion Schneider. Diese Hündin wird von den Besitzern »Der Zauberlehrlinge«, R. und S. Suhm und P. und D. Beutler, schon in der Jugendklasse erfolgreich vorgeführt.

Hier in Tel Aviv holte sich Superstar's Something Special ihren Weltsieger-Titel. (Diese braune Zwergpudel-Hündin ist auch ganz am Anfang dieses Buches als Welpe abgebildet.) Züchterin und Besitzerin ist Lisbeth Mach aus Wilen (CH). Foto: Georg Mach

Das Dilemma der Pudelaussteller besteht darin, daß sie einerseits den Zuschauern einen natürlichen Hund zeigen möchten, andererseits aber ihren Pudel so frisieren »müssen«, wie er beim Richter am besten ankommt, denn ohne jede Chance auf eine gute Plazierung verliert das Ausstellen seinen Reiz. So liegt der Ruf des Pudels auch in den Händen der Schönheitsrichter.

Hier ein paar praktische Hinweise für den Fall, daß Sie doch versuchen möchten, mit Ihrem Pudel selbst im Ring zu stehen: Besorgen Sie sich zuerst ein Anmeldeformular. Auch eine Hundecoiffeuse, die die Ausstellungsfrisuren genau kennt, muß ausfindig gemacht werden. Eine Kontaktaufnahme mit dem Züchter kann ebenfalls hilfreich sein. Dann üben Sie, was Sie auf diesen Bildern sehen, und zwar in Verbindung mit dem Lieblingsspiel Ihres Pudels, so daß ihm diese Übungen Spaß machen. Besonders wichtig ist, daß er sich ohne Angst von einer fremden Person die Zähne kontrollieren läßt, und daß er sich in einem

Hochprämierte Pudel in Sieger-Pose
An den Multi-Champion Fidibus vom Walddorf (genannt Filou) wird am 2. Juli 1989 in Hamburg der Reserve-Best-in-Show-Titel vergeben. Vorgeführt wurde er von Claudia Nagel. Die Richter waren von links nach rechts: Vera Reil, Rolf Eggerking und Heinz Köhler.
Filou ist inzwischen zwölf Jahre alt und nach Angaben seiner Züchter und Besitzer Anne und Claudia Nagel aus Hamburg ist er noch immer ein besonders freundlicher und lustiger Geselle. Foto: Anne Nagel

Susanne Mendera aus Pfinztal (D) ließ sich zu einer professionellen »Handlerin« ausbilden. Hier zeigt sie den erfolgreichen Rüden Dorian Gray's Hullabaloo von Georg Walther, der sich soeben den begehrten Best-in-Show-Titel holte. Das ist eine Ehre, die nur sehr selten einem Silberpudel zugesprochen wird. Foto: G. Walther

Hier zeigt Andrea Schwarz mit Champion Superstar's Black-Granat ihr Talent zum Junior-Handling.

großen Kreis an der Leine freudig und voller Schub bewegen kann. Das perfekte Hinstellen auf dem Tisch oder am Boden wird Sie am meisten Mühe kosten, denn bei selbstbewußten Hunden ist es oft leichter, sie dazu zu motivieren, selbst zu stehen. Das wird zwar vom Richter akzeptiert, doch in der Ausscheidung einer großen Klasse möchte er alle gleichzeitig von der gleichen Seite sehen. Durch das Hinstellen der Hunde durch die Aussteller kann sich leichter ein einheitliches Bild ergeben. Ist Ihr Pudel das Hinstellen nicht gewohnt, sinken seine Chancen, ganz nach vorne zu kommen. Darum lohnt es sich heute nicht mehr, einen Pudel ohne Ringtraining auszustellen.

Die Vorbereitungen

Was ein Aussteller nicht vergessen sollte:

- die zugestellte Annahmekarte, die den Einlaß zur Ausstellung erlaubt
- die neuste Mitgliederkarte des Clubs
- das vorgeschriebene Impfzeugnis, das bei der tierärztlichen Kontrolle beim Eingang gezeigt werden muß

Der englische Champion »Vanitonia Lustfull Hans« von Roger Stone wird von Lee Cox im Puppy-Clip vorgeführt. Diese Frisur war in England lange Zeit nur in der Jugendklasse zugelassen. Es waren die skandinavischen Aussteller, die diesem »Puppy-Clip« zum großen Durchbruch verhalfen. Foto: Steph

- eine Sicherheitsnadel zum Befestigen der Ausstellungsnummer
- Striegel, Bürste, Kamm und Schere
- ein aufklappbarer Tisch, auf dem der Pudel vor dem Richten nochmals sorgfältig durchgekämmt werden kann, und ein Camping-Stuhl für die Zeit des Wartens
- eine weiche Wolldecke, auf der sich der Ausgestellte ausruhen kann
- frisches Wasser und ein Picknick für den Vierbeiner
- das Lieblingsspielzeug Ihres Pudels, damit er bis zuletzt bei guter Laune bleibt.

Nach dem Einlaß in die Ausstellung sollten Sie sich als erstes den Katalog besorgen. Dieser hilft Ihnen, den richtigen Platz zu finden, und daraus können Sie ungefähr entnehmen, wann Sie Ihren Pudel für den Ring bereit machen müssen. Oft wird beim Richten bei den geduldigen Großen angefangen und für die quirligeren Kleinen, die ganz schnell durchgekämmt wären, folgt ein stundenlanges Warten. Während des Richtens ist es untersagt, sich mit dem Richter zu unterhalten. Lassen Sie sich nichts anmerken, wenn Sie mit der Bewertung unzufrieden sind. Auch Ihrem Pudel dürfen Sie deswegen die übliche Zuwendung nicht entziehen.

Das beste Rezept, die Show gut zu überstehen, ist eine große Portion Geduld. Der Reiz der Gelegenheit, so immer wieder mit neuen Züchtern in Kontakt zu kommen, läßt vielleicht den Ärger über die Tagespresse vergessen, der anschließend meistens nichts anderes einfällt, als in Unkenntnis der Sache unseren vielseitig begabten Hund lächerlich zu machen.

Gleich mehrere BIS-Titel holte sich der mehrfache Champion Magicstar French White Hobby aus Frankreich. Antoine Marchal ist der Züchter und Besitzer dieses erfolgreichen Großpudel-Rüden. Foto: A. Marchal

Abkürzungserklärungen für Aussteller:

BIS - Best-in-Show - Bezeichnung für den schönsten Hund der Ausstellung.
BOB - Best of Breed. Diese Auszeichnung wird an den besten Hund jeder Größe vergeben.
CAC - Anwartschaft auf den nationalen Champion. Diese Anwartschaften werden oft für jede Farbe separat vergeben. Die Anzahl der nötigen CAC für den nationalen Champion ist je nach Land verschieden. In England müssen immer alle Farben zusammen um eine Anwartschaft konkurrieren.
CACIB - Certificat d'Aptitude au Championat international de Beauté - Anwartschaft auf den internationalen Schönheits-Champion.
Diese Anwartschaft wird an internationalen Hundeausstellungen dem besten Rüden und der besten Hündin jeder Größe vergeben. Bei den Toys wird nur ein CACIB für alle Farben zusammen abgegeben. Bei allen andern Größen wird je eine Anwartschaft für die traditionellen Farben weiß, braun und schwarz und ei-

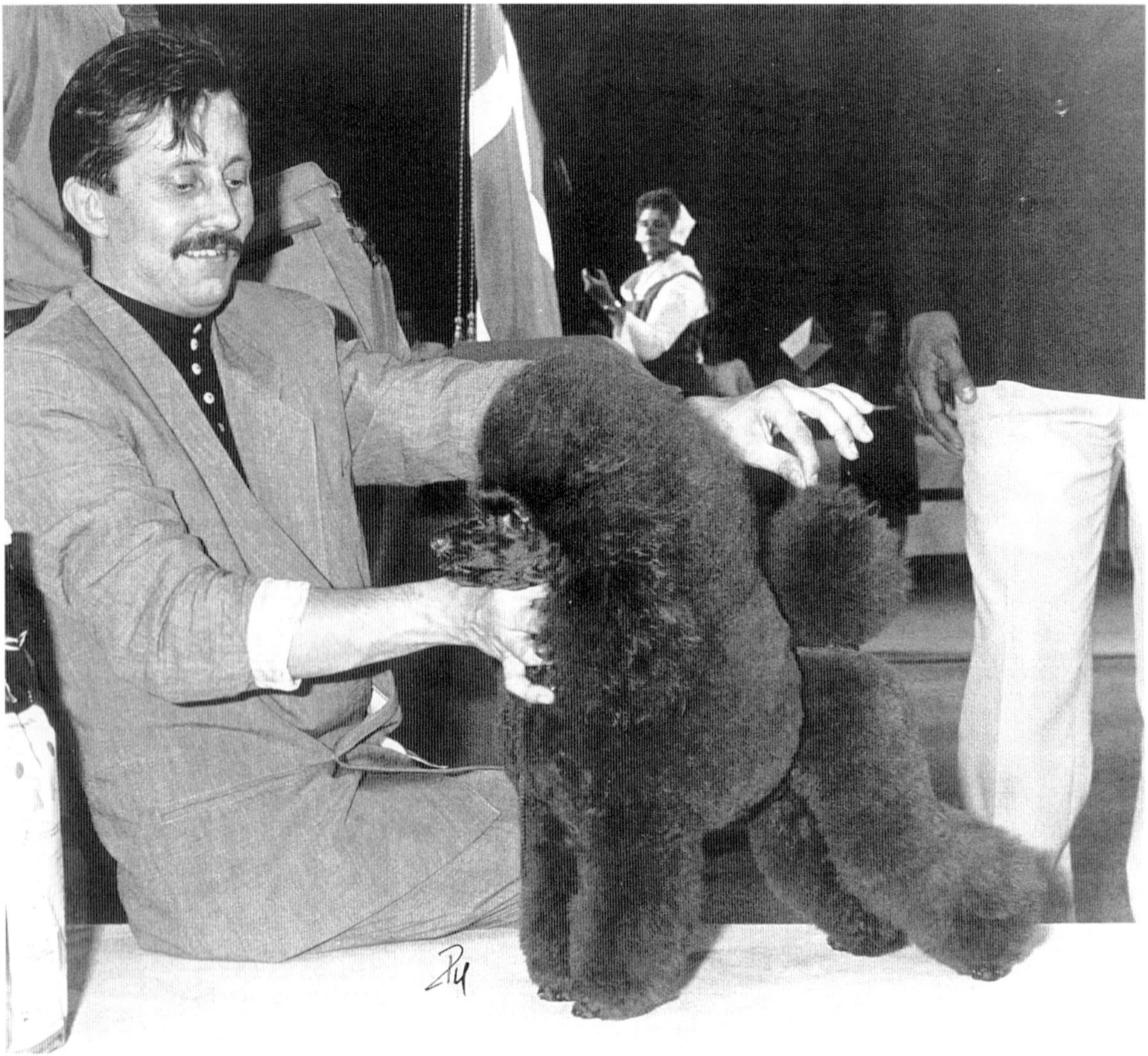

Jouko Leiviska aus Finnland präsentiert hier seinen braunen Toy-Champion Solnes Remy Martin auf dem Tisch, so wie ihn der Richter sehen will. Bis ein Pudel soweit ist, braucht es ein intensives Ringtraining. Die heutigen Pudelrichter sind sich auch gewohnt, daß sie den Pudel problemlos anfassen können. Das soll vorher geübt werden, denn wenn der Pudel bei der Kontrolle der Zähne vor Angst zittert, hinterläßt das keinen guten Eindruck. (Großpudel werden am Boden stehend gerichtet.) Foto: Per Unden

nes für die Neufarben (silber und apricot) vergeben. Für den Titel eines internationalen Champions braucht es vier solcher Anwartschaften aus drei verschiedenen Ländern und von mindestens drei verschiedenen Richtern. Eine Anwartschaft muß entweder aus dem Standardland oder im Land des Wohnsitzes des Besitzers kommen. Um diese Anwartschaft können die Pudel ab 15 Monaten konkurrieren, wenn sie in der offenen oder in der Champion-Klasse angemeldet sind. Zwischen der ersten und der letzten Anwartschaft muß mindestens ein Jahr liegen. Die Bestätigung dieses Titels erfolgt von der FCI – Fédération Cynologiue International.

Ch. - Champion. Im Gegensatz zu Tagestiteln, wie zum Beispiel der Weltsiegertitel, der an einer bestimmten Ausstellung errungen werden kann, braucht es für einen Champion-Titel immer mehrere Anwartschaften.

FCI - Fédération Cynologique Internationale, 12, Rue Leopold II, B-6530 Thuin, Belgique. Das ist die Dachorganisation der Hundeclubs, die die Standard-Bestimmungen genehmigen oder ablehnen kann. Wenn für einen Hund die Bedingungen für den internationalen Champion erfüllt sind, wird sie die entsprechende Urkunde aushändigen.

IHA - Internationale Hundeausstellung

Dem Anmeldeformular kann die Auswahl der verschiedenen Klassen entnommen werden, in welcher man seinen Pudel anmelden kann und im Ausstellungskatalog findet man eine Erklärung über die Anwendung der Formwert-Bezeichnungen »vorzüglich« (v.), »sehr gut« (s.g.), gut (g), genügend und ungenügend, die dem Richter bei der Bewertung zur Verfügung stehen.

Wenn Sie glauben, ein perfektes Ringtraining sei für den Vierbeiner eine unzumutbare Mühe, dann kennen Sie den Pudel nicht. Mit Hilfe seines Lieblingsspiels läßt er sich problemlos zu dieser Übung motivieren, und Montravia Tommy-Gun, der bekannte Cruft's Best-in -Show-Winner zeigt, daß er trotz bestem Show-Training im Innersten ein Hund geblieben ist. Mit urtümlicher Lust eines ehemaligen Wasserhundes läßt er hier seine Sehnsucht nach den nassen Element stillen. Foto: Sally Anne Thompson

Prominente Pudelfreunde

Hier sehen wir Thomas Mann mit seinem Pudel »Niko« im Garten seines Hauses in Pacific Palisades im Jahr 1952. Foto: Thomas Mann Archiv, Zürich.

»Der Pudel scheint durch seine offene Herzlichkeit und durch sein elegantes Temperament geradezu prädestiniert, sich auch die Zuneigung großer und sensibler Geister zu erwerben. Im Pudel finden sie den Born der Natürlichkeit, den arglos liebenden Gegenpol ihrer eigenen Seele.« (aus »Mein Freund, der Pudel« von Hans Thum, 1963)

Wir kennen einige bekannte Pudelbesitzer, wie zum Beispiel Arthur Schopenhauer, Richard Wagner, Ludwig van Beethoven, Bertel Thorvaldsen, Sir Winston Churchill, Thomas Mann, Prinz Bernhard der Niederlande, Kaiserin Fara Diba und viele andere, die ihr großes Lob auf ihren treuen Pudel in erhaltenen Zeitdokumenten festgehalten haben.

1787 vertonte Ludwig van Beethoven die »Elegie auf den Tod eines Pudels«.

Wagners bester Freund war der Pudel »Peps«, der ihn 13 Jahre lang auf Schritt und Tritt begleitete und von seinem braunen Pudel »Rüpel« erzählte er, daß er besonders musikalisch war.
Auch die Dichter Eduard Mörike und Heinrich Heine schwärmten in Gedichten vom Pudel, und Chopins bekannter »Minutenwalzer« ist eigentlich ein Pudelwalzer. Er komponierte ihn im Hause von George Sand, inspiriert von einem kleinen Pudel, der sich ganz fröhlich um sich drehte. So entstand »La valse du petit chien«, den man in Deutsch als »Minutenwalzer« kennt.
Der nordische Bildhauer Thorvaldsen setzte seinem vierbeinigen Freund »Primon« ein Denkmal aus Marmor.

Auch Wilhelm Busch brachte in seinen Bildergeschichten seine Sympathie zum Pudel gerne zum Ausdruck. Er zeichnete auch Arthur Schopenhauer mit einem seiner über alles geliebten Pudel. Der berühmteste Pudel dieses Philosophen war »Butz«. Dieser beherrschte viele Kunststücke und ließ sich sogar mit einem Körbchen alleine zum Einkaufen schicken.

Zu Churchills »Wahrzeichen« gehörten nicht nur die lange Zigarre, sondern auch sein brauner Pudel »Rufus«. Er schätzte diesen Freund als einziges Lebewesen seiner Umgebung, das ihm keine lästigen Fragen stellte.

Pudelgeschichten und Anekdoten

Rund um den traditionsreichen Pudel gibt es viele Geschichten und Anekdoten. Hier zwei Beispiele aus Paris: Dort lebte vor langer Zeit ein besonders treuer Pudel. Als sein Meister zu Grabe getragen wurde, wich das gute Tier nicht von der Stelle, so daß man ihm auf dem Grabe eine Hundehütte errichten lassen mußte.
Ein anderer Pudel soll darauf abgerichtet worden sein, den Leuten die Schuhe schmutzig zu machen. Sein Meister war Schuhputzer ...
Dann gibt es die Geschichte von **Victor Hugo** (1802 - 1883), der seinen Pudel **»Baron«** einer einsamen Dame in Rußland zur Gesellschaft geschenkt haben soll. Kurz darauf soll dieses Tier am neuen Ort verschwunden und nach einigen Monaten vor der Tür des ehemaligen Meisters wieder aufgefunden worden sein. Schmutzig, erschöpft und völlig abgemagert soll der Pudel seiner Freude über das Wiedersehen mit einem schwachen Wedeln zum Ausdruck gebracht haben. Es soll ohne Zweifel sein treuer »Baron« gewesen sein. Niemand konnte sich erklären, wie es möglich war, daß sich dieser Pudel auf einer so weiten Strecke richtig orientieren konnte.
In Frankreich kennt man das Kompliment »treu wie ein Pudel«.
Es gibt kaum ein Pudelbuch, in dem nicht stolz die Geschichte vom tapferen **»Moustache«** erwähnt wird, der 1805 bei Austerlitz die Fahne seines Regimentes vor Feindeshand gerettet haben soll. Dieser schwarze Pudel (oder war es vielleicht ein Barbet?) wurde 1799 in der Normandie geboren, und eine Kanonenkugel in Badajoz (Spanien) brachte ihm im Alter von 12 Jahren den Tod.

Doch die älteste Geschichte dieser Art geht zurück ins 17. Jahrhundert auf einen weißen Wollhund namens **»Boy«.** 1644 wird auf dem Schlachtfeld von Marston Moor (GB) der legendäre weiße Pudel »Boy« in treuer Verteidigung seines Meisters **Prinz Rupert** duch eine feindliche Kugel tödlich getroffen.

Nach zuverlässigen Überlieferungen entstammte »Boy« einer edlen deutschen Zucht. Er wurde dem Prinzen während seiner Gefangenschaft in Linz zur Unterhaltung geschenkt. Zwischen den beiden entwickelte sich eine tiefe Beziehung. Nach Beendigung seiner Gefangenschaft kam Prinz Rupert nach England, wo er sich auf Schritt und Tritt von seinem vierbeinigen Freund begleiten ließ. Die Begebenheit, wie der Prinz seinen Hund mit den Worten »To him Pudel« im Streit gegen eine feindliche Gruppe anfeuerte, wurde 1643 im Pamphlet »Oberservations upon the white Dog Boy« festgehalten. Eine Kopie davon wird beim englischen Kennel-Club aufbewahrt. Man sagt, daß damit das Wort »Pudel« im englischen Sprachgebiet zum ersten Mal schriftlich festgehalten worden sei.
Prinz Ruperts Feinde sollen diesem Hund übernatürliche Kräfte zugeschrieben haben. Sie fürchteten ihn und sie bezeichneten ihn als »The Devil Dogge Puddle« (Teufels-Pudel-Hund).
Im British Museum, unter der »Collection of Pamphlets«, findet man eine Darstellung des Todes dieses Hundes aus dem Jahre 1644. Es trägt den Titel »A Dog's Elegy or Rupert's Tears«. »Boy« wird dort auf dem Schlachtfeld sterbend gezeigt, während sein Meister erschüttert daneben steht.

Der Kreis wird geschlossen

Schon Goethe zauberte in des Pudels Kreisedrehen die unheimlichen Kräfte des Mephistopheles.

Eine ganz ähnliche Stimmung läßt die deutsche Künstlerin Katharina Fritsch in ihrem Kunstwerk »Kind mit Pudeln« aufkommen. Ihre Komposition besticht durch die Faszination der Verwirrung: In der Mitte liegt ein hilfloses Wickelkind. Betrachtet man den Pudel als Hütehund, so wirkt seine Präsenz beruhigend, doch die kalte symmetrische Anordnung der 32 schwarzen Hüter läßt dem Kreis gleichzeitig auch Unheimliches entströmen.

Vielleicht trifft dieses Kunstwerk das, was uns am Pudel fasziniert: Seine sprichwörtliche Treue vermischt sich mit der Unberechenbarkeit des Tieres, die uns zum Respekt ermahnt.

Foto: Mancia/Bodmer
Dieses Kunstwerk aus Gips und Messing mit dem Titel »Kind mit Pudeln« von der deutschen Künstlerin Katharina Fritsch wurde im Sommer 1995 von der Emanuel Hoffmann-Stiftung in Basel erworben. Es ist im Museum für Gegenwartskunst ausgestellt.

Anhang

Nützliche Adressen

Schweizerischer Pudelclub (SPC)
Präsidentin: Ingrid Werhonig, Wildparkstr. 253,
CH-4656 Wil bei Olten
Zuchtbeauftragte: Lisbeth Mach, Haus Kacian,
CH-6062 Wilen/Sarnen
Redaktion: Rosa Engler-Mezzadri, Baiergasse 47,
CH-4126 Bettingen

SKG - Schweizerische Kynologische Gesellschaft
Länggassstr. 8, Postfach 8217, CH-3001 Bern

DPK Deutscher Pudel-Klub e.V.
Präsident: Rolf Eggerking
Sudenthronen, D-26835 Brinkum/Leer

VDP Verband der Pudelfreunde Deutschlands
Hauptgeschäftstelle: Adelheid Hartenberger
Dorfstr. 27, Postfach 144, D-21517 Wohltorf
Präsident: Bertold Peterburs, Postfach 1118
D-76545 Sinzheim

P.Z.V. Pudel-Zucht-Verband 82
Sigrid Kalina, Alterweg 3,
D-57520 Niederdreisbach

ADP Allgemeiner Deutscher Pudelclub e. V.
Präsidentin: Liselotte Eckstein
Lothstr. 90, D-80797 München

VDH Verband für das Deutsche Hundewesen e.V.
Westfalendamm 174, Postfach 104 154
D-44041 Dortmund 1

ÖCP Österreichischer Club der Pudelfreunde
In der Gugel 6
A-3400 Kloster Neuburg

ÖKV Österreichischer Kynologischer Verband
Johann-Teufel-Gasse 8
A-1238 Wien

Literaturverzeichnis

BAZIRET Catherine, Grand Livre Du Caniche, Paris 1993
BOWRING Clara and MONRO Alida, The Poodle, London 1965
CREWS Connie, Stammbaum-Bücher, Eigenverlag, Perranporth GB, 1995
DANGERFIELD Stanley, Your Poodle and Mine, London 1962
ENGLER Rosa, Kennen Sie den Pudel? Schweizer Pudel-Club, Bettingen 1994
FEDDERSEN-PETERSEN Dorit, Hundepsychologie, Stuttgart 1989
FIORONE Fiorenzo, Le Caniche, Paris 1993
FOX Michael W. Versteh Deinen Hund, Rüschlikon-Zürich 1974
GRANDERATH Franz, Der Hunde-Doktor spricht zum Hundehalter, Rüschlikon-Zürich 1964
HAGEN Aga Gräfin vom, Die Hunderassen, Potsdam 1935
HARMAR Hilary, Hundezüchten mit Erfolg, Rüschlikon-Zürich 1978
HOPKINS Lydia, The New Complete Poodle, New York 1964
JEANCOURT-GALIGNANI Mad. Les Caniches, Paris 1958
LANG ROGERS Alice, Poodles In Particular, New York 1967
MACKEY J.Irick jr., The New Poodle, New York 1986
MARTIN Lester H., Poodle, NewYork 1960
NAGEL Annerose, Der Pudel, Hamburg/Berlin 1992
NAGEL Claudia, Mein Pudel, Düsseldorf 1986
RANSOM Jackie, Pudel, Mürlenbach/Eifel, 1989
RÄBER Hans, Enzyklopädie der Rassehunde, Stuttgart 1993
REITZEL Heinrich, Der Pudel, Schloß Bleckede 1964
RUPP Walter, Broschüre: Der Hund für die Familie, BLIF-Stiftung Reinach
- Der Blindenhund, Rüschlikon-Zürich 1987
SCHMUTZ Ferdinand, Mein Hund, Wabern-Bern 1967
SCHNEIDER-LEYER Erich, Die Hunde der Welt, Rüschlikon-Zürich 1960
- Pudel, Stuttgart, 1971
SHELDON Margaret Rothery and LOCKWOOD Barbara, All about Poodles, London 1970
- The Poodle Owner's Encyclopaedia, London 1966
- Breeding from your Poodle, London 1963
- Poodles, London 1958
SWAROVSKY Hans-Joachim, BI-Lexikon Hunderassen, Leipzig 1987
TESCH Egon, Der Pudel, Wittenberg Lutherstadt 1980
THUM Hans, Mein Freund der Pudel, München 1963
WAILLY Philippe de, Les Caniches, Paris 1972
WILCOX Bonnie und WALKOWICZ Chris, Kynos-Atlas Hunderassen der Welt, Mürlenbach/Eifel 1991
WIRTZ Hubert, Der Pudel, Stuttgart 1986
ZIMEN Erik, Der Hund, München 1988

Bücher, die weiterhelfen:

ABC für Hundebesitzer von Urs Ochsenbein, Müller Rüschlikon Verlags AG
Brevier neuzeitlicher Hundezucht von Dr. Hans Räber, Paul Haupt-Verlag

Herzlichen Dank!

Auf der Suche nach bestimmten Bildern und nach Informationen trat ich in weit über hundert Briefen mit Fachleuten in Kontakt.

Mein Dank richtet sich zuerst an die Fotografen, die mir ihre schönsten Bilder zur Verfügung gestellt haben:

Aus der Schweiz: H.R. Alder ZH, Fotostudio Eberli ZH, FBM-Studio Mancia/Bodmer ZH, Thomas Mann-Archiv ZH, Urs Ochsenbein ZH, Christina Puttini, Pro Litteris Bildrechte ZH. Aus Deutschland: Franz Gorski, Eichendorf, Heinz Hiller (durch Inge Hiller), Lörrach, Rolf Hinz, Wedel, Ein Herz für Tiere (B. Dittich), Nürnberg, Eva Maria Krämer, Neunkirchen/Seelscheid, Roberto (Bob Jan Peeters), Fotostudio Rosita, F. Thielecke, Berlin, Foto Alex Tossi/Nietscke, Berlin. Aus Frankreich: Cogis/Varin, Versailles. Aus Dänemark: O.B.C. Christensen, Sködstrup. Aus Schweden: Per Unden, Gothenburg. Aus Finnland: Kuvakulma; Helsinki. Aus England: David Dalton, Craven, Steph Holbrock, Tidworth, KIT Houghton, Carol Ann Johnson, Painscastle, Diane Pearce, Dunstable, Sally Anne Thompson, Painswick.

Den nachstehenden Züchtern und Fachleuten fühle ich mich durch ihre Hilfsbereitschaft, die sie mir in Form von Bildern und ausführlichen Informationen zukommen ließen, zu besonderem Dank verpflichtet, und ich hoffe, daß es mir niemand übel nimmt, wenn ich auf diesen Seiten nicht ganz alles zeigen konnte.

Anne Abile-Gal , F-Chennevieres, Hansjörg Adler, CH-Magden, Klaus Asmus, D-Kollmar, Ruth aus der Au, CH-Kehrsatz, Susanne Baldinger, CH-Holderbank, Tone Bekkasen Fischer , N-Oslo, P. und D. Beutler, D-Bayreuth, Brigitte Bossing, D-Kreuznach-Bosenheim, Heidi Brass, Pudelpointer-Club, D-Essen, Jacqueline Brestecher, F- Paris, N.L. Busser, NL-Wassenaar, Elisabeth Campell, USA-Bonita, Clare Coxall, GB-Burstow, Connie Crews, GB-Cornwall, Direktion Dog World, GB-Ashford, Judy Domke, D-Wahlstedt, Ute Eberhard, D-Heppenheim, Ursula Eberli, CH-Hirzel, Liselotte Eckstein, D-München, Christa und Rolf Eggerking, D-Leer, Dr. Dorit Feddersen-Petersen, D-Kiel, Inge Fischer und Rainer T. Georgii F-Belabre, Inge Flocken, D-Niederkrüchten, Susan R. Fraser, Ontario, Canada, Andrea Freitag, D-Pfungstadt, Margrith Gasser, CH-Zürich, Astrid Giercksky, N-Oslo, Irene Grabner, D-Bayreuth, Uschi Graf, D- Püttlingen, Henrik H. Hannelius, Jane und Peter Harding, USA-Darien, SF-Borga, Brigitte Haudenschild, CH-Oberdiessbach, Marijke Heidenrijk, CH-Siegershausen, Elke Hennecke, D-Düsseldorf, Inge Hiller, D-Lörrach, Heidrun Holland, Redaktion DPK, D-Lünen, Lesley Howard, GB-Woolhampton, Uta Huppertz, D-Krefeld, Robert Hüssy, CH-Magglingen, Lene und Connie Jakobsen, DK-Fredericia, Michaela Jesionek, D-Dörpstedt, Liisa und Jorma Jussila SF-Helsinki, Sigrid Kalina, D-Niederdreisbach, Corinne Kaufmann, CH-Winikon, Nelly Kipfer, CH-Worben, Liliane Kissling, CH-Biel, Alois Koller, CH-Lachen, G.C. Kroes-Vink, NL-Laren, Jouko Leiviska, SF-Oulu, Susanne Leschinsky, D- Schleswig, Dieter Lesinski, D-Hamm, Rolf Loretan, CH-Hirzel, Andrea Lovegrove, Pedigree-Petfoods, GB-Melton, Lisbeth Mach, CH-Wilen, Maya Mächler, CH-Oey, Patrick Mandrier, Ausbildung Drogensuchhunde, F-La Rochelle, Antoine Marchal, F-Orphin, John und Hon. Mr. Anna Marshall, GB-Stradford upon Avon, Jacques Maurey, F-Paris, Edelgard Mechsner, D -Berlin, Susanne Mendera, D-Pfinztal, Liliane Mordasini, CH-Avry-devant-Pont, Dr. Giovanni Morsiani, I-Bagnara di Romagna, Gisela Mücke, D-Deutsch-Evern, Solveig Naess Damm, N-Os, Anne Nagel, D-Hamburg, Eva Niederer , CH-Wallisellen, Maja Oeri, Emanuel-Hoffmann-Stiftung, CH-Basel, Erika Ott, CH-Grub, Ingeborg Pakosch, A-Salzburg, Jytte Pfänner, DK-Horsens, Ilse Pilz, D-Köln, Dr. Hans Räber, CH-Kirchberg, Vera Reil, D-Bad-Nauheim, Josef Rölli, CH-Binningen, Patricia Rose, GB-London, Brigitte Ruegg, CH-Zürich, Regina Schäublin, CH-Muttenz, Marlyse Schlaflang, CH-Binningen, Manuela Schwarz, CH-Hausen a/Albis, Ingeborg Schwarzau, D-Winnweiler, Julia Schwegler, CH-Alberswil, Christa Simon, D-Spiesen-Elversberg, Kurt Stahl, D-Arborn, Gerty Steffenburg, S-Gallstad, Ekaterina Stepanowa, CH- Bern, Roger Stone, GB-Mark/Highbridge, R. & S. Suhm, D-Bayreuth, Yvonne Voegelin, CH-Affoltern a/Albis, Georg Walther, D-Offenbach, Philipp U. Weber-Candrian, CH-Stansstad, Ingrid Werhonig, CH-Wil bei Olten, Heidi Zehnder, CH-Neuenegg.